O SEGREDO DA MENTALIDADE JUDAICA

Copyright© 2020 by Literare Books International.
Todos os direitos desta edição são reservados à Literare Books International.

Presidente:
Mauricio Sita

Vice-presidente:
Alessandra Ksenhuck

Projeto gráfico:
Nathália Parente

Capa e diagramação:
Gabriel Uchima

Revisão:
Ivani Rezende

Diretora de projetos:
Gleide Santos

Diretora executiva:
Julyana Rosa

Relacionamento com o cliente:
Claudia Pires

Impressão:
Paym

Dados Internacionais de Catalogação na Publicação (CIP)
(eDOC BRASIL, Belo Horizonte/MG)

A883s   Attar, Dor Leon.
         O segredo da mentalidade judaica / Dor Leon Attar. – São Paulo, SP: Literare Books International, 2020.
         16 x 23 cm

         ISBN 978-65-86939-56-9

         1. Literatura de não-ficção. 2. Sucesso nos negócios. I. Título.
                                                                CDD 658.4

Elaborado por Maurício Amormino Júnior – CRB6/2422

Literare Books International Ltda.
Rua Antônio Augusto Covello, 472 – Vila Mariana – São Paulo, SP.
CEP 01550-060
Fone: (0**11) 2659-0968
site: www.literarebooks.com.br
e-mail: contato@literarebooks.com.br

O SEGREDO DA MENTALIDADE JUDAICA

Sumário

CAPÍTULO 1:
O QUE É MENTALIDADE
JUDAICA POSITIVA?
21

CAPÍTULO 2:
PENSAR BEM FAZ BEM
31

CAPÍTULO 3:
AS DUAS PREOCUPAÇÕES
DO HOMEM
43

CAPÍTULO 4:
VIVENDO O PRESENTE
63

CAPÍTULO 5:
CONFIANÇA
73

CAPÍTULO 6:
NOSSO FOCO E NOSSO OBJETIVO
99

CAPÍTULO 7:
GRATIDÃO
111

CAPÍTULO 8:
TUDO É PARA O BEM.
COMO DESENVOLVER HUMILDADE?
129

CAPÍTULO 9:
SER BOM NÃO SIGNIFICA SER BOBO
141

CAPÍTULO 10:
PLANO DE AÇÃO
151

CAPÍTULO 11:
RESPONSABILIDADE
159

CAPÍTULO 12:
COMO RESOLVER MEUS PROBLEMAS?
165

CAPÍTULO 13:
7 DICAS PARA SAIR DO CAMPO DAS IDEIAS E ALCANÇAR SEUS OBJETIVOS
173

CAPÍTULO 14:
UM BRINDE DE ALEGRIA PARA VOCÊ!
181

Prefácio

Gostaria de parabenizar meu grande amigo estudioso de escrituras judaicas Rabino Dor Leon Attar pelo seu maravilhoso livro "O segredo da mentalidade judaica".

Já dizia o grande Rebe Nachman de Breslev: tenha em mão um presente "Pronta entrega" para dar a todos. E que presente é este? Vida!

Isso mesmo! Você tem o dom de dar vida para os ouros. Às vezes, as pessoas estão em apuros, mas não têm ninguém com quem falar sobre seus problemas. Se você as receber com um sorriso no rosto, vai incentivá-las e dar a elas uma nova vida.

O principal fator de estabilidade do ser humano é a alegria, porque por meio da alegria podemos dirigir nosso cérebro de acordo com nossa vontade. Por meio da alegria, ficamos tranquilos e conseguimos pensar de uma maneira correta e saudável. Em outras palavras, uma pessoa alegre é uma pessoa normal.

O segredo da mentalidade judaica

Se este mundo fosse o paraíso, o próximo mundo seria o quê? É normal encontrarmos no dia a dia obstáculos internos ou externos, maiores ou menores que tentam bloquear nosso crescimento e desenvolvimento. Com frequência, reagimos instintivamente a esses obstáculos com raiva, depressão e desespero. Reação instintiva e natural, mas improdutiva e dolorosa que intensifica e superfatura os problemas, tornando os obstáculos mais difíceis de superar. D'us nos criou imperfeitos e reagindo naturalmente da forma errada para que possamos, por meio do nossa livre escolha, optar por reagir aos obstáculos de maneira correta, por meio da Alegria que é um sentimento agradável e construtivo que nos desenvolve naturalmente e espiritualmente. A Alegria revela as forças ocultas da nossa alma e coloca na ativa potências antes adormecidas que nem sabíamos que possuímos, transformando os obstáculos em desafios e recompensas em troféu para quem os supera. Isso é chamado "trabalho divino".

Imagine uma pessoa chegar em um tribunal e dizer ao juiz que reagiu naturalmente agredindo quem a ofendeu. Foi uma reação natural, diz ela, D'us nos criou assim! O que você responderia para ela? Com certeza, a intenção divina não é que reagimos naturalmente e ir atrás dos nossos impulsos, D'us nos deu a TORAH para sabermos como devemos reagir. Se as nossas reações instintivas e naturais fossem certas, não teríamos recebido a Torah.

Nosso instinto natural em relação à alegria e tristeza também é imperfeito. Quando estamos em perigo, deveríamos nos encher de alegria para ficarmos mais leves e corrermos mais rápido e, assim, nos salvarmos do perigo, mas, no lugar disso, ficamos tristes, pensamos devagar e nos travamos, o oposto do que deveria ser. Portanto, da mesma maneira que ninguém vai justificar uma agressão pelo fato de ser irritado, e mesmo se o advogado dele alegar isso, não vai adiantar nada, da mesma maneira não temos como justificar a tristeza pelo faro de estarmos sofrendo, sendo que a tristeza não só não nos ajuda a sair do sofrimento, mas ainda prejudica, mas devemos sim ir contra a nossa natureza e despertar a alegria verdadeira na hora do sofrimento para podermos pensar melhor e escapar dos perigos da vida com muita leveza e alegria.

Ainda dizia o Rebe Nachman de Breslev: lembre-se sempre de que a alegria não é uma

O segredo da mentalidade judaica

coisa supérflua na vida, ela é uma necessidade básica. Não existe nada que nos liberta mais do que a alegria, ela liberta seu cérebro e faz pairar sobre você a tranquilidade. Perder a esperança é como perder a liberdade, é se perder a si próprio. Encontrar a alegria verdadeira é a mais importante das metas.

Se o único jeito de se alegrar é fazendo brincadeiras (que não prejudicam as outras pessoas), faça isso e fique alegre porque a tristeza causa prejuízos incomensuráveis. Use todos os meios que pode para se tornar alegre.

Se hoje você se sente ótimo, não deixe as lembranças do passado e as preocupações do futuro baixarem o seu ânimo. Se mesmo querendo ficar alegre se sinta triste, lembre-se dos bons momentos que já teve e a alegria voltará! Diz o Baal Shem Tov (fundador do movimento chassídico) que quando você pensa em um lugar, você está lá, portanto, quando se lembra dos bons momentos, você se encontra novamente.

Se você não se sente alegre, faça de conta que está, faça um sorriso artificial, comporte-se como se estivesse alegre e a alegria verdadeira virá em decorrência disso. Cante, isso vai dar uma vida nova e encher você de alegria. Dance, a dança vai tirar sua tristeza e espantar os seus sofrimentos.

De vez em quando, as pessoas estão em grande desespero e não têm para quem contar seus problemas. Se você aparece com um sorriso reluzindo no seu rosto, você as motiva e dá para elas uma vida nova.

É tão importante estar alegre a ponto de você ter que se obrigar a estar sempre alegre nem que seja de uma maneira artificial. É normal ver o esquecimento como um defeito, mas eu o vejo como uma virtude, diz o Rebe Nachman de Breslev. Saber esquecer quer dizer livrar-se de todos os sofrimentos do passado.

Nunca, mas nunca desanime! É proibido abrir mão da esperança. Se você acredita que pode ficar pior, acredite que pode ficar melhor!

E é isso que aprendemos com o nosso grande pensador, Rabino Dor Leon Attar, no seu maravilhoso livro "O segredo da mentalidade judaica". Parabéns pelo belíssimo trabalho. Um lindo presente para a humanidade

Rabino Avraham Eitan Gloiber,
ONG Torá

Introdução

A Torah é a guia para todas as áreas da nossa vida. É a nossa fonte de conhecimento para enfrentarmos todo e qualquer obstáculo.

Muitos nos perguntam o motivo de se estudar esse livro todos os anos. A resposta que temos é que tudo o que aconteceu, tudo o que está acontecendo e tudo o que acontecerá em todas as áreas da vida humana, em Ciências Exatas ou Humanas, em todo o Planeta Terra e tudo o que acontece na vida de todo ser vivo na face da Terra, está codificado na Torah.

Caro leitor, neste livro traremos alguns ensinamentos ocultos para muitos, mas que são conhecidos pelos estudiosos da sagrada Torah. Prepare-se para viajar e descobrir novos mundos que se escondem nos ensinamentos dos nossos sábios e que agora estará disponível para você e sua família.

Dor Leon Attar

Meu monólogo

"Ninguém fará por você, aquilo que deve ser feito por você!"

Vou contar uma história. Nada mais, nada menos que a minha. As lições que um "estrangeiro" aprende ao se deparar com uma nova vida, as perspectivas, os desafios, as verdades, a realidade.

Quando cheguei ao Brasil, assim como qualquer imigrante, trouxe com a bagagem sonhos, esperança e confiança. Fui recebido por amigos, que me hospedaram em sua casa e me ajudaram no período de adaptação, com a nova cultura e costumes, bem como a nova língua. Deu para perceber quanta coisa "nova" existe para aprender e conhecer quando se é imigrante, não é mesmo? Por tudo isso, serei eternamente grato aos que me receberam e me acolheram.

No entanto, não me ajudaram nos negócios, e até esperaram que eu fizesse tudo que fosse necessário, enquanto a realidade surgia à tona.

O segredo da mentalidade judaica

O mercado não era bem como falaram, a língua não era tão simples assim e a mentalidade, é melhor nem comentar!

Mas tem uma coisa: cheguei aqui confiante, lembra? Com toda dificuldade que encontrei, NUNCA fiquei reclamando da minha "sorte". Nunca culpei os outros, por me venderem falsos sonhos e criarem falsas expectativas. Pode parecer até "mi...mi...mi...", só que não! Cheguei a ficar só, mesmo assim continuei firme e NUNCA reclamei nem um pouco sequer.

Isso porque vir ao Brasil foi minha escolha. Aliás, tudo era minha escolha. Até porque, mesmo quando não se escolhe, ainda assim é uma escolha, ou seja, a "escolha" de "não escolher".

Quando dei de cara com a realidade e caiu a "ficha", vi que temos apenas duas opções na vida. A mais comum, chorar bastante o tempo todo e ficar assim a se lamentar, reclamar de tudo, culpar o mundo inteiro, achando, ou melhor, tendo a certeza de que merecia algo que não se conseguiu alcançar.

Mas entenda: se você falhou, aconteceu por não ter feito o seu melhor. Se fez seu melhor, e ainda assim falhou, parabéns por isso! Sinal que aprendeu a como não fazer da próxima vez.

A certeza de falhar faz parte do processo de aprendizagem. Fracasso é não tirar uma lição das falhas cometidas e comprometer o futuro.

Entendemos que a vida se trata de um processo de aprendizagem e que é feita de escolhas, das próprias escolhas, tanto para o bem como para o mal. Isso cada um é que decide.

Quando eu era criança, adorava ficar na praia e pegar ondas. Sou um bom nadador, fui preparado para nadar em piscinas e também no mar. Quando pegava ondas, às vezes vinha aquela onda "linda", que vem quebrando em cima de você, pressiona para baixo e o arrasta para o fundo. Quem não está preparado, tenta lutar contra a pressão e o arrasto da onda, quer subir de qualquer maneira. Quanto mais tenta subir, mais a onda o pressiona e o puxa para o fundo. Deus nos livre! Isso o levará para seu fim. Caso não tenha entendido, serei mais claro, isso é morte certa.

Agora, a boa notícia é que aquele que está preparado mantém a calma e segue em frente. A onda vai jogá-lo para cima, mais adiante.

A vida, bem como a natureza, tem as mesmas leis e comportamentos. Quando a vida o pressiona para baixo e o arrasta para o fundo, não se esqueça de manter a calma. É difícil, não é mesmo? Aguente firme, mantenha a mente focada e o comportamento equilibrado. Assim como aquela onda, a vida vai levá-lo para frente e o lançará para cima. Se por algum instante perder o foco, entrar em desespero e tentar lutar contra, brigue, xingue, reclame e culpe o mundo pela onda. O melhor e mais correto a ser feito é não culpar o mundo por sua falta de preparo e de humildade.

Além de descobrir o óbvio, o principal é o que é mais importante para a minha evolução e para meu crescimento. Falhar faz parte do processo, nenhuma criança aprende a andar sem cair. Nenhum atleta chega a ser campeão sem treino, sem preparo, sem competição e sem perder várias vezes até chegar ao momento de vencer. Em cada falha, uma lição. Isso ninguém fará por nós!

"Ninguém fará por você aquilo que deve ser feito por você mesmo."

"Ninguém terá o SEU SUCESSO."

"Ninguém terá SUAS LIÇÕES."

"Ninguém terá o SEU LEGADO."

Faça por merecer e será merecido!

Tenha uma vida longa e próspera!

R. Dor Leon Attar

CAPÍTULO 1:

O que é mentalidade judaica positiva?

Qual é a mentalidade correta?

Hoje, a maioria das pessoas encontra-se em uma situação em que tudo tem que vir rápido, quase que de imediato. Nossa vida virou uma espécie de *fast food*, tudo tem que ser devorado quase que imediatamente, de maneira animalesca, e passar para a próxima experiência, sem apreciar a beleza do momento. *Acumular*, essa é a palavra de ordem reinante no nosso mundo. Tanto faz acumular bens materiais ou experiências que achamos ser espirituais. O importante é, segundo essa ditadura silenciosa, ter experiências.

Porém, agindo segundo os ditames dessa ideia reinante, perdemos a chance de ter uma

O segredo da mentalidade judaica

experiência real e verdadeira, uma emoção que dure por muito tempo, ou pelo menos o tempo necessário; não essa emoção fugaz que se desmancha em segundos e que força a pessoa a buscar novas experiências. A emoção plena é o contato com algo maior e que nos eleva a alma.

O resultado dessa constante busca por novidades espirituais ou materiais acarreta, na maioria das vezes, estresse, ansiedade e demais doenças, gerando prejuízos financeiros para a pessoa.

Será que foi para isso que viemos a este mundo? Será que podemos chamar de vida essa maneira de viver?

Os sábios judeus falam que na sagrada Torah está definido o que é vida e o que é morte. Acredite, há muitos mortos vivos por aí e talvez você até conheça alguns deles.

Segundo nossos mestres balizados pelos ensinamentos da sagrada Torah, quem está perto do Eterno e se alimenta da luz dEle é chamado de *vivo*. Manter-se vivo, na verdade, é a vontade de todo ser na face da Terra, é o principal instinto não importando religião, raça, cor, nível intelectual ou social, até os animais são dotados do desejo de se manterem vivos.

Por outro lado, aquele que decide afastar-se da luz do Eterno, da luz que alimenta nossa alma e nos dá forças para superar todos os desafios, é chamado de *morto*, e não apenas chamado, é considerado uma pessoa morta.

Agora, com esse conceito na cabeça, perto do Eterno estamos vivos e longe, mortos. Entendemos como podemos, por meio da mudança da nossa mentalidade e das nossas ações, voltar à vida e sermos chamados novamente de *vivos*, não apenas chamados, mas para viver novamente uma vida plena. Além disso, aprendemos como ressuscitar muitos que estão mortos a nossa volta, sem nem saber que estão mortos.

Precisamos entender que temos o desejo de nos alimentar da luz que do Criador emana, mesmo que esse desejo esteja oculto e a pessoa nem saiba que ele exista. Essa é a única vontade da nossa alma. Em contrapartida, temos que entender que é também o desejo do Eterno, que nos alimentemos da sua luz, de maneira consciente e prazerosa.

Mesmo que uma pessoa não esteja cumprindo a vontade do Criador, Ele continua sustentando-a e fornecendo tudo o que for preciso. Nesse processo, no entanto, a pessoa não tem proveito da vida como o Criador desejaria para ela, pois não está se direcionando com consciência para Ele. Viver de acordo com o propósito da criação planejada pelo Eterno é entender que, tudo o que ela recebe, não foi por ter atraído, é apenas a bondade sem limites do Eterno para com essa pessoa. Assim como ele faz para todo ser vivo.

Uma pessoa que vive de acordo com seus limitados padrões, apenas existe em um mundo limitado. Quando cumpre a vontade ilimitada do Criador, ela passa a viver uma vida sem limites. Ao usar seu livre arbítrio, ela caminha em direção ao Eterno e passa a cumprir suas vontades. Toda luz que ela receber será pela bondade do Criador e também pelo mérito dela de se colocar em uma situação que atraia essa luz para a sua vida. Assim, há relacionamento entre o Criador e sua criação.

Para entender o que é mentalidade correta de acordo com o judaísmo, é preciso entender o que nos dá vida e o que nos causa a morte. A aproximação consciente ao Criador e da luz que dEle emana, nos traz vida plena, enquanto o afastamento dessa luz nos causa a morte. A aproximação ou o afastamento depende da nossa mente, da nossa mentalidade e das nossas emoções.

Viver ou existir? Essa é a questão!

Depois que você entendeu a diferença entre vida e morte no judaísmo, compreende que precisa fazer a diferença no mundo, ter um propósito de vida e na vida.

Toda a criação existe. Tudo tem existência. Uma pedra, um passarinho ou até um leão no safári, todos têm existência. Não é por isso que eles vivem? O Criador fez o mundo e tudo que nele existe. Porém, só para o ser humano, Ele deu a alma vivente ou a alma de vida. "E o Eterno Deus formou o homem [*Adão*] do pó da terra, e soprou em suas narinas o alento da vida e o homem tornou-se alma viva." (Gênesis 2:7)

Talvez a mais comum pergunta seja: qual é o meu propósito? Mesmo que já tenha respondido a essa pergunta no meu livro "*O segredo da prosperidade judaica*", repetirei: o fato de ter um propósito faz diferença entre você ser um humano vivo em relação a um animal.

O Criador o criou para cumprir um propósito neste mundo. Quando a pessoa simplesmente fica vagando no mundo, em busca de satisfazer vontades mundanas e limitadas, não está cumprindo uma missão divina.

Algumas pessoas passam uma vida inteira simplesmente existindo, passando o tempo no mundo, sem deixar nenhum legado. "Pois tu és pó e ao pó hás de retornar". (Génesis 3:19)

Sabemos que somos algo além de pó, entretanto vivemos como pó, que até existe, mas não tem vida. Nós temos vida e um propósito. Sem cumprir nosso propósito de vida, apenas existimos, parecemos vivos.

Eu me lembro de uma história que ouvi de um dos melhores oradores americanos: Rabino Manis Friedman. Quando fazia uma das muitas visitas a hospitais, ele se aproximou de uma senhora, mãe de um menino de quatorze anos que tentou suicídio, e perguntou se podia conversar com o filho dela. Ela aceitou. Ao entrar no quarto, o garoto estava sentado na cama, folheando um gibi sem muito interesse em nada. O rabino cumprimentou-o, mas não obteve resposta. Então, apresentou-se e perguntou ao menino se ele queria conversar. O menino continuou em silêncio. O rabino não desistiu. "Sua mãe pediu para falar contigo", comentou. O menino respondeu: "O padre já passou por aqui". O rabino, então, perguntou:

"O que ele te falou?". "Hum, algo estúpido", respondeu o menino. Pacientemente, o rabino indagou o que de ridículo o padre havia falado. O menino respondeu, com cara de desprezo, que o padre havia falado que ele não devia praticar suicídio porque Deus o amava. O rabino, com muita sabedoria, afirmou: "Você tem razão. É ridículo mesmo!". Isso chamou a atenção do menino. Então, o rabino continuou: "Você, um moleque pirralho, o que Deus tem que amar em você?". Nesse momento, o menino ficou em choque.

A história mostra que o menino entendeu algo importante na fala do rabino. Deus o ama, mas não precisa dele, ou seja, ele não tem importância. Assim como amamos um cachorro, o nosso celular, um carro – coisas que existem –, precisamos sentir e saber que algo ou alguém precisa de nós. Existe um propósito em viver, que não somente existir.

CAPÍTULO 2:

Pensar bem faz bem

Nos Talmúdicos, que foram escritos há 1800 anos, nossos sábios ensinam que a nossa realidade depende daquilo que pensamos, da nossa emoção envolvida e da nossa forma de enxergar a situação, isto é, nossa realidade depende da forma que sentimos, pensamos e enxergamos o mundo.

Recentemente, a Física Quântica chegou a uma conclusão parecida com a dos nossos sábios. A ciência diz que o resultado de um experimento depende da pessoa que o analisa. É como aquela famosa pergunta: se uma árvore cair em uma floresta e, se ninguém estiver por perto para ouvir o som, fará algum barulho? De acordo a Física Quântica, pode ser que sim, mas ao mesmo tempo pode ser que não.

O segredo da mentalidade judaica

Você deve estar se perguntando: duas opções opostas de resposta para uma mesma questão?

Aprendemos que tudo depende do observador. E isso é um dos grandes segredos para se obter uma mente positiva e forte. Se tiver um bom olhar, fará a sua realidade melhorar. Ao perceber a mudança benéfica ao seu redor, a pessoa terá mais motivos para desenvolver-se nessa área.

Existe um conceito judaico conhecido como *hitbonenut* (observação introspectiva). A *hitbonenut* é uma técnica de observação interior feita de uma maneira completamente consciente. Não é esvaziar a mente até a pessoa atingir certo transe em que sua mente está completamente vazia; pelo contrário, é ter total domínio sobre ela.

Praticar *hitbonenut* é ter a capacidade de observar as coisas acontecendo na nossa vida de uma forma mais elevada e imparcial. Depois de se fazer essa observação, chega-se a uma conclusão e se acrescenta a emoção positiva necessária para fazer da experiência comum a todos uma experiência realmente viva e única.

Rebe Nachman de Breslav (um dos maiores sábios hassídicos) ensina que nós temos que Estar EM alegria sempre, pois a alegria eleva nosso espírito e nos salva de todo mal.

Alter Rebe, o primeiro Rebe do Movimento chassídico Chabad, ensina que é por meio da observação que alcançamos a verdadeira alegria. Assim como no caso da árvore que cai sozinha na floresta e que tem duas respostas, aqui também são dois caminhos para chegar ao mesmo destino.

No primeiro ensinamento, o rabi Nachman fala que temos que fazer de tudo para nos mantermos felizes e alegres, mesmo não entendendo nem aceitando o motivo de alguma coisa nos ter acontecido e esse fato nos ter entristecido, não devemos nos deixar abater. Ele ensina que, por mais difícil que seja o momento pelo qual estejamos passando, devemos fazer de tudo para nos mantermos em completo estado de alegria. Devemos cantar, dançar, bater palmas, agir na forma física e ativa para influenciar o espírito. É uma ação que deve influenciar positivamente do exterior para o interior da pessoa. Percebemos nesse ensinamento do Rabi Nachman que não é simplesmente estar alegre, e sim estar em estado constante de alegria.

A pessoa que se utiliza da *hitbonenut* faz uma observação interior e consegue detectar o ponto de onde está surgindo a tristeza em sua vida. Assim, ela decide então como atacar essa fonte de tristeza e como transformar essa tristeza em alegria.

Com esse ensinamento, aprendemos que, de acordo com o pensamento judaico, estar alegre não é um mero acaso do destino; pelo contrário, é uma decisão consciente que a pessoa toma, é um processo em que a pessoa decide a que horas e o quanto estará feliz e alegre. Aplicando esse ensinamento, a pessoa deixa de ser refém da alegria ou da tristeza e passa a ser ela própria quem decide o que é bom para si. Ela deixa de ser um mero pedinte de alegria e passa a ser uma fonte produtiva de alegria. Além de manter-se alegre, também influenciará as pessoas a sua volta.

No segundo ensinamento, o Alter Rebe nos ensina a entender, por meio da razão, que tudo aquilo que o Eterno faz, Ele o faz para o nosso bem. De acordo com o pensamento positivo judaico, o conceito de mal ou que experimentamos como algo negativo e oposto ao bem, na realidade nada mais é do que um conceito momentâneo, uma conclusão transitória, uma visão apequenada do quadro inteiro. Com a nossa evolução, enxergamos aquilo que, antes julgávamos ser algo ruim ou negativo, como bom e positivo.

Para entender o que expliquei, vamos a um exemplo. Quando éramos crianças e nossos pais nos levavam para tomarmos vacinas, achávamos que eram ruins, porém hoje, depois de crescidos e de aprendermos a importância das vacinas contra diversos tipos de doenças, agradecemos pela ação dos nossos pais.

Agora que temos consciência de que o mal que nos está acontecendo é apenas uma visão diminuta do todo, e sabedores de que o Eterno é nosso pai e nos ama, poderemos escolher estar alegres nas mais diversas situações, pois tudo que Ele faz é para o bem. Precisamos apenas confiar nele. Se nossos pais, meros humanos, mesmo quando pareciam nos fazer mal, estavam, na realidade praticando uma ação de amor. Então, quanto maior será o bem que o Eterno, que é a fonte de todo amor, estará praticando para nós que somos seus filhos e inteiramente dependentes dEle?

Munidos desse conceito judaico, em vez de reclamar, chorar, maldizer e nos deprimirmos pelos fatos ocorridos em nossas vidas, podemos utilizar a nossa livre escolha e sentirmos emoção positiva, alegria, gratidão e paz interior.

O segredo da mentalidade judaica

Liberdade significa exatamente isso: escolher o que sentir, e não apenas o que fazer. Escolher não é apenas uma ação física; na verdade, nunca foi. Caso o fosse, não seria algo que apenas os humanos possuiriam.

Temos que nos ater ao fato de que a ideia de dominar as emoções não significa que a pessoa jamais deva sentir alguma emoção, não é essa a ideia. A intenção nevrálgica é aprendermos a sentir a coisa certa, na hora certa e da maneira correta. De acordo com os ensinamentos da Torah, praticar a liberdade de escolher é ter domínio sobre nossas emoções, e não sermos meros reféns delas.

Como os dois conceitos citados se juntam?

O Rebe Nachman fala assim: "É uma grande *mitsvá* ser EM alegria!". Tanto no idioma hebraico, quanto na língua portuguesa, não usamos o termo "ser em alegria", mas sim SER ALEGRE. Em hebraico, a frase *em alegria* é escrita בשמחה. Note que são as mesmas letras da palavra pensamento, *mahshevá* – em hebraico, מחשבה. Com isso, aprendemos que experimentar um estado de alegria está intimamente ligado à forma de pensar da pessoa e com uma simples manobra intencional dos nossos pensamentos, ou seja, da livre escolha que mudamos nossa percepção de realidade, como no caso das letras das duas palavras. Podemos alterar nosso estado de grande tristeza para imensa alegria e ver que o oposto também é verdadeiro. Nos dois casos, o que está em jogo é a decisão da pessoa de ser ou não alegre, como ao utilizarmos as mesmas letras para formarmos uma palavra completamente diferente. Veja que o nosso estado emocional só depende do nosso estado mental. Portanto, aquele que dominar os pensamentos, também o fará com as emoções.

Ter um bom pensamento com relação aos acontecimentos a nossa volta é ilustrado na história verídica que aconteceu com um dos maiores mestres do povo judeu, Rabi Akiva.

Rabi Akiva era uma pessoa pobre e ignorante, que se transformou num mestre tão grande que chegou até ser comparado a Moisés, o maior líder do povo judeu. A história conta que um dia ele estava viajando com um burro, um galo e uma lamparina. O burro, para se locomover; o galo, para acordá-lo de manhã; a lamparina, para ter luz à noite e estudar a Torah. Como a noite se aproximava, Rabi Akiva resolveu parar em uma pequena cidade. Porém, os portões da cidade já haviam sido trancados pelos guardas. Mesmo com o pedido insistente do mestre Akiva, os guardas não lhe permitiram entrar na cidade e procurar uma hospedaria. Tranquilamente, ele olhou para os guardas e falou: "Tudo que Ele (O Eterno) faz, Ele o faz para o bem". Assim, Rabi Akiva foi para o campo, procurou uma árvore e subiu para passar a noite. Mal havia pegado no sono, chegou um leão, matou seu burro e o devorou. Mesmo sem acreditar no que havia acontecido bem diante dos seus olhos, Rabi Akiva disse: "Tudo que Ele faz, Ele o faz para bem". Ainda pensativo no ocorrido com seu burro, não percebeu a aproximação de um gato que atacou seu galo, matando-o. Mais uma vez, Rabi Akiva disse: "Tudo que Ele faz, Ele o faz para bem". Pelo menos tenho a lamparina para estudar a Torah, pensou ele. De repente, um pé de vento apagou a chama da lamparina. Novamente, Rabi Akiva disse: "Tudo que Ele faz, Ele o faz para o bem". E foi dormir. Pela manhã, ao acordar, resolveu voltar à pequena cidade. Assim que chegou aos portões, descobriu que a cidade sofreu um arrastão durante a noite. Quase tudo foi roubado e muitas pessoas morreram. Nesse momento, Rabi Akiva entendeu que "Tudo que Ele faz, Ele realmente o faz para o bem".

Todas as vezes que encontrarmos algo que acabamos por concluir como sendo negativo, podemos ter certeza de que é por termos uma visão deficiente da realidade. Esse conceito de mal que sempre acaba surgindo na nossa mente é apenas pelo fato de vermos somente uma pequena parte do quadro geral.

Vejamos um exemplo que nossos sábios nos ensinam em relação a isso.

Em hebraico, a palavra para *mal* é RA רע, que vem da palavra *raúa* רעוע, com a ideia de "parte de algo" ou "algo incompleto". Também podemos notar que são as mesmas letras da palavra *amigo*, REA רע. C. Como sabemos que não existem coincidências no idioma hebraico, tudo existe por uma razão de existir, aprendemos duas coisas:

- **Primeiro ponto:** o mal é apenas parte da história. Não podemos julgar algo sem saber de tudo; caso contrário, cometemos um erro crasso.

- **Segundo ponto:** se olharmos para nosso passado e analisarmos de maneira imparcial os fatos ocorridos em nossas vidas, entenderemos que aquelas experiências que achamos negativas e doridas, tornaram-se importantes ao nosso processo de crescimento pessoal ou espiritual, bem como para a construção da pessoa que nos tornamos hoje. E isso só pode ser algo bom e positivo. Assim cai por terra a ideia do mal e começamos a enxergar um bem absoluto.

Se você chegou a este ponto da leitura, só pode ser algo bom e positivo.

CAPÍTULO 3:

As duas preocupações do homem

Temos passado e esperança de que teremos um futuro. Passamos por sucessos e fracassos, alegrias e tristezas, medos e inseguranças. Isso é normal ao ser humano. Não é um problema exclusivamente seu.

Vários motivos nos causam preocupações e medos durante nossa jornada nesta vida. No entanto, podemos dividir esses motivos em dois grupos distintos: passado e futuro. Pessoas morrem e matam, sofrem e causam sofrimento por situações envolvendo esses dois fatores. Guerras foram e são travadas e os resultados desses embates causam profundas marcas no passado e no futuro das nações envolvidas, direta ou indiretamente.

O segredo da mentalidade judaica

O presente é o somatório de nossas experiências boas e outras não muito boas, de sucessos e fracassos do passado, de experiências que marcaram nossas vidas ou que nos fazem tomar as decisões de hoje. Portanto, o que somos hoje é reflexo de uma situação passada.

Como o futuro é algo que ainda está em construção, dá margem para que surjam as inseguranças ou os medos. É pensando no futuro que fazemos nossas escolhas de hoje, ou ao menos deveria ser. Sabemos que, infelizmente, há pessoas que agem sem pensar no futuro; outras ainda não conseguiram aprender com o passado e cometem os mesmos erros no presente.

No entanto, se analisarmos com cuidado, veremos que o que nos tira o sono e ocupa nossa mente é algo que sequer existe. Nossos sábios relatam que "O passado acabou e o futuro nem começou. Se não vivo agora, então quando?" (?מתי אי אז עכשיו לא ואם,עדיין העתיד, העבר אין,).

Como podemos lidar com essas preocupações que dominam a nossa vida? Como podemos tomar novamente o controle da situação e dominar nossos pensamentos e emoções?

Não é fácil, mas é simples.

Vamos começar com o passado.

Enquanto nos orgulhamos de algumas coisas do nosso passado, tentamos esconder outras que fizemos em um tempo distante. Isso é normal. O passado, como o próprio nome diz, é passado. Um dos grandes erros do ser humano é desejar vencer a barreira do tempo e trazer para o presente o passado, que há muito se foi, ou o futuro, que ainda está em processo de formação. O primeiro resiste em abandonar o que já passou, enquanto o segundo está vivendo em um completo estado de ansiedade e medo. O "x" da questão é encontrar o equilíbrio nessa equação. Se você não é um cientista igual a Einstein e não estiver construindo uma máquina do tempo, deixe o passado e o futuro nos seus respetivos lugares. Como se diz em inglês, *enjoy the moment*, curta o momento.

Há a história de um homem que procurou um sábio dizendo que não conseguia se livrar das lembranças do passado e isso o atormentava, a ponto de perder o sono várias vezes. O sábio, depois de ouvir o homem, aconselhou-o a comprar um travesseiro de penas de ganso, o mais caro que encontrasse. Depois, deveria subir a montanha mais alta da sua cidade em dia de ventania, cortar o travesseiro e jogar as plumas ao vento. Assim o homem fez. Quando retornou ao sábio, reclamou que ainda se sentia mal. O sábio respondeu-lhe que aquela era a primeira parte do trabalho. Agora, deveria sair à caça de cada pluma que o vento havia levado e colocar novamente no travesseiro. O homem respondeu que não poderia. Então, o sábio disse que assim deveria ser feito com o passado, não há mais o que fazer, é passado, já passou, não adiantava lamentar, não adiantava chorar, deveria seguir em frente e enxergar o presente como presente. E completou: alegre-se, dance, grite, rodopie, faça a si mesmo feliz, decida ser feliz agora.

Há um adágio muito conhecido aqui no Brasil: *macaco velho não enfia a mão em cumbuca*. Ele é baseado em como os caçadores utilizam a mentalidade errada dos macacos para capturá-los. Os caçadores colocam uma banana em armadilha com um pequeno buraco. Uma pequena abertura, suficiente para o macaco enfiar a mão, porém pequena demais para que ele não consiga tirar a mão quando estiver segurando a fruta. O macaco, ao segurar a banana, não consegue tirar a mão. Movido pelo seu instinto, jamais abrirá a mão e perderá sua pequena conquista. É nesse exato momento que os caçadores se aproximam tranquilamente e capturam o animal, pois sabem que o macaco não vai soltar a banana e fugir. No final, mesmo gritando, pulando e tentando fugir, o macaco não soltará a fruta e será capturado.

Nós somos assim. Apesar de não sermos macacos, acabamos por agir da mesma forma que o animal. Nosso passado, bom ou ruim, é igual à banana, por diversas vezes nos deparamos com o momento exato para abandonar o que já passou e seguir, porém sentimos dificuldade de soltar a nossa "banana"; os caçadores são nossas emoções negativas. Querendo ou não, se continuarmos a agir assim, acabaremos tendo algum prejuízo em nossa vida emotiva.

Como *soltar a banana*? Como fazer as pazes com nosso passado?

A resposta é: agradeça. Agradeça por tudo que passou, bons ou ruins momentos. Como falamos antes a respeito do mal, se analisar as experiências negativas do seu passado e como contribuíram para compor a pessoa que você é hoje, provavelmente concluirá que os fatos foram necessários e até benéficos para sua vida.

O segredo da mentalidade judaica

Agradeça por tudo que você já passou na sua vida, por tudo que viveu até hoje. Esse é o segredo.

Passado, em hebraico, se escreve עבר AVAR, derivação da palavra עבירה AVEIRA, que significa *transgressão*. Aprendemos que, se ficarmos refletindo nosso passado de forma até obsessiva, se passarmos mais tempo envolvidos com o que ocorreu no passado e deixarmos o presente de lado ou que o nosso passado seja algo prejudicial ao nosso presente, o que estamos fazemos, na verdade, é uma transgressão à vontade de Deus.

A palavra *futuro,* em hebraico, se escreve עתיד ATID, formada pela junção de duas palavras, עת-ET- Tempo e יד – YAD, que é *mão*. Concluímos que o tempo que ainda está por vir, aquele tempo em que tudo estará bem e nossos desejos estarão realizados, está em nossas mãos. Tudo é possível! Só precisamos escolher o caminho correto e lembrarmos que o fato de não fazermos nenhuma escolha também é uma escolha.

Outro ponto importante é que a palavra *tempo,* em hebraico, pode ser escrita como *zman* זמן, que vem da palavra *convite, hazmanah* הזמנה, e tem a mesma base da palavra *convidar, hizmin* הזמין.

O que tudo isso tem a ver com tempo?

Como nada é por acaso no hebraico, aprendemos que o tempo é um convite para a vida. O futuro não existe e o passado também não, o que existe de fato é o presente, ou seja, estamos sendo convidados para o presente, para viver no tempo presente e aproveitar cada momento. Assim, evitaremos o estresse, que aparece pela falta de tempo ou da ideia da falta de tempo. A preocupação com o futuro é que gera o estresse, devido à ansiedade.

O tempo não para. Isso é fato. Portanto, viver em uma eterna luta para tentar controlá-lo é uma grande perda de tempo, o que se pode fazer é administrá-lo da melhor maneira possível e a seu favor, como montar um cronograma para estudar a Torah, separar um dia para si mesmo, fazer *tsedacá*, visitar um amigo e dedicar-se à família.

A aparente falta de tempo é algo conceitual, pois o tempo passa igual para todos. Se parece curto para você, provavelmente é pelo fato de estar se ocupando demais com coisas que vão além das suas possibilidades. Então, o melhor a fazer é sentar, analisar e decidir o que fazer da melhor maneira possível.

O segredo da mentalidade judaica

Se possui tempo de sobra, também é algo conceitual. Existem milhares de coisas que uma pessoa pode fazer para ocupar a aparente sobra de tempo: o bem a alguém, estudar, cuidar de si mesmo etc. Sempre há algo a ser feito ou algo que precisa deixar de ser feito. Aqui é que entra a *hitbonenut* de que falamos anteriormente.

Viver com a mente no futuro ou no passado é estar em lugares que não existem. Ba'al Shem Tov, fundador do movimento do *Chassidut*, disse: "Você está onde seus pensamentos estão, por isso procure estar em bons lugares".

Como podemos agir sem medo do futuro? Como desenvolvermos confiança?

Nossos sábios nos ensinam que o foco neste mundo e a nossa missão na vida devem ser em fazer o trabalho que precisa ser feito de forma bem-feita. Ensinam-nos que devemos ter em mente a ação, mas que o resultado de tudo está nas mãos do Eterno. Logo, o foco deve ser na ação, não no resultado, pois o resultado não depende mais de nós, somente do Criador. Se fez o que deveria ser feito da melhor maneira possível e o resultado foi diferente do que a maioria das pessoas imagina ou que tenha desejado, você deve concluir que essa foi a vontade do Eterno e se alegrar. Toda tristeza é provocada pelo desejo de se obter um resultado que não estava destinado a alcançar. Lembre-se de que todo sofrimento vem do desejo de possuir, e não ter conseguido. Como a nossa missão não é no resultado e sim na ação, alicerçados com esse conceito, aprendemos como superar os desafios. Agora é praticar, policiar-se e treinar o cérebro a cada minuto. No livro do *"Tanya"*, o *Alter Rebe* ensina-nos que a razão deve dominar a emoção, e essa deve ser a tônica da vida de acordo com o pensamento judaico.

Mesmo que o mundo moderno pregue a ideia de "seguir sua paixão faz com que você se sinta bem", "mais Amor" etc. – não que esteja errado – porém, se deixar a emoção conduzir sua vida, nunca dará bons resultados. Agora, se usar a razão para conduzir sua vida e a emoção como combustível, sempre será levado para o lugar certo.

O Eterno nos criou para compartilhar conosco a luz divina. Conforme falamos antes, é intenção dEle que sejamos felizes e tenhamos tudo de bom. Por mais repetitivo que pareça, precisamos memorizar a ideia de que tudo que Ele faz é para o nosso bem.

O segredo da mentalidade judaica

Como Ele já sabia que não seríamos felizes sem nosso esforço para nos sentir merecedores, isto é, não nos sentiríamos bem em receber tudo *de mão beijada*, sem fazermos nenhum esforço?

Ele fez o mundo de maneira que a parte principal de tudo está nas mãos dEle; em contrapartida, nós também temos que fazer a nossa parte para conseguirmos cumprir a nossa missão.

Um agricultor fica feliz após vender sua colheita, pois se sente bem por ver o fruto do seu trabalho. Porém, ao preparar a terra para o plantio, ele não sabia se haveria condições climáticas para que sua plantação vingasse, se haveria trabalhadores disponíveis, se estaria vivo para colher o que plantara ou se teria saúde para isso.

Percebemos que o foco foi no trabalho e em como fazê-lo da melhor maneira possível. No entanto, a parte principal de tudo estava nas mãos do Eterno. De nada adiantaria o Eterno desejar proporcionar-lhe uma farta colheita se o agricultor não jogasse a semente na terra, não adubasse, não limpasse o campo de ervas daninhas e não protegesse a semente de aves e roedores. Quando o agricultor fez a parte dele, o Eterno entrou com as condições climáticas ideais para a germinação das sementes: o calor do sol e a chuva. Assim o milagre da vida aconteceu: aquela simples semente transformou-se em uma planta cheia de frutos. Da mesma forma, deve ser nossa vida e nossas expectativas em relação ao futuro. Devemos fazer a nossa parte, aquilo que nos cabe, e apenas confiar que o Eterno fará o que for necessário para que sejamos felizes. No entanto, tudo começa com a nossa atitude e com a mentalidade positiva de que tudo vai dar certo.

Como teremos certeza de que vai dar certo quando não está dando certo para a maioria das pessoas a nossa volta?

Se pensarmos com a mentalidade comum, que enxerga as situações como algo bom ou algo ruim somente, não teremos certeza de que alguma coisa dará certo. Dividindo o mundo entre bem e mal, sempre haverá uma brecha para que algo de mal possa acontecer. Entretanto, se vivemos conforme a mentalidade positiva que nos mostra que temos alguém que cuida de nós para o nosso bem e que sempre deseja o melhor, temos apenas que fazer a nossa parte. Ao começarmos a ver o mundo e a vida dessa maneira, passamos a ter certeza de que tudo o que acontece será para o nosso bem. Nesse ponto, quero ressaltar que, independentemente das nossas experiências passadas terem sido prazerosas ou não, estamos aqui hoje porque algo deu certo, porque sempre nos levantamos após uma queda e acreditarmos que tudo será diferente. Não estou me referindo ao resultado, e sim à capacidade de reagirmos, de sermos ativos, de reunirmos forças de onde nem sabíamos que tínhamos e nos colocarmos de pé novamente, erguer a cabeça e enfrentar os testes que a vida nos dá.

Apenas ter a mente positiva e cultivar bons pensamentos não será suficiente nessa jornada – é claro que ajuda –, todavia é preciso rezar e orar, desenvolver um relacionamento com o Eterno, pois Ele é quem nos ilumina com sabedoria para que possamos entender os motivos de suas ações.

Quando entendermos que essas duas "preocupações" são meras ilusões, compreendemos o que de fato é real e que vale a pena receber nossa atenção. Ao separarmos o que é irreal do que é real, diagnosticamos o cerne da questão e focamos nossa mente e nossas ações para a parte que nos cabe fazer.

Para entendermos o que é real, vamos navegar por águas reais e sair do imaginário. Já demonstramos o que é irreal e que não merece nossa atenção. Agora, vamos mapear a realidade. Talvez, ao final, você descubra que gastou muito tempo e energia com algo que não dependia de você, enquanto deixou de lado o que deveria ter feito.

A palavra *presente,* na língua portuguesa, além de indicar o momento em que estamos vivenciando também significa *presente*, ato de agradar alguém com algo que ele goste ou precise, como uma roupa, um calçado etc. Como podemos ver, o momento presente é um presente que nos é dado pelo Eterno a cada instante.

Partindo da ideia de que somos como crianças diante do Eterno e muitas vezes damos aos nossos filhos o que precisam e não o que desejam, também podemos receber presentes do nosso Pai celestial que não queremos, mas, acredite, precisamos.

Não presenteamos uma criança de sete anos com uma moto de mil cilindradas, por saber que seria uma loucura. Mesmo que ela queira, não teria condições de receber um presente dessa natureza. Assim também acontece conosco. Mesmo que pretendemos encontrar nossa alma gêmea, ter muito dinheiro, sucesso, fama, poder, um emprego ou uma casa, talvez ainda não estejamos maduros o suficiente para tê-los e nosso Pai Celestial sabe disso.

Não importa o que fizermos, Ele, o Eterno, ficará irredutível na sua decisão, pois sabe o que é bom para seus filhos e quando será bom para eles receberem o que desejam. Portanto, se não recebeu o que deseja, confie no Pai, Ele sabe o que é melhor para nós.

O que devemos fazer então?

Precisamos olhar para dentro de nós mesmos, realizarmos uma busca, detectarmos o que precisa ser mudado, diagnosticar em qual área devemos crescer e desenvolver, qual atitude devemos tomar para que possamos atingir o ápice daquilo que o Eterno quer que tenhamos. Em outras palavras, fazer uma autoavaliação.

Pare um instante, feche o livro e faça uma autoanálise. Imagine que você tivesse ganhado um prêmio de dez milhões de reais há dez anos. Procure lembrar quais eram seus desejos naquela época, pense o que faria, faça uma lista. Agora, imagine o que faria se ganhasse esse mesmo valor hoje e compare com o que desejava há dez anos. Provavelmente, muita coisa mudou. Isso é normal.

Na Torah, está escrito que o Eterno tem pensamentos mais elevados que os nossos. Se começarmos a nos conectar com Ele, também nossa forma de enxergar o mundo se elevará. Nossa visão de mundo ficará mais refinada e aquilo que hoje é importante passará a ser coisa de somenos.

Como já falamos no início deste livro, não temos tempo para sentir e apreciar o momento, o presente. Para entendermos o presente que nos é dado pelo Eterno, precisamos também entender quem somos nesse presente, por isso uma autoanálise se faz necessária.

Alter Rebe, no livro "*O Tanya*", explica que há no mundo três categorias de indivíduos: o justo, o intermediário e o perverso. O justo é quem não possui nenhum mal habitando em sua vida. O intermediário (*beinoni*) possui algum mal. O perverso está repleto de mal.

Mas vamos falar melhor sobre dois desses três níveis, o *tsadic* e o *beinoni*.

O justo, também chamado de *tsadic*, é uma pessoa que se anulou completamente para o Eterno, e tudo o que faz é com a intenção de agradar ao Criador, nela já não há mal algum, pois conseguiu, por meio de árduo trabalho, transformar o mau instinto em bom. Uma pessoa nesse nível serve ao Eterno com um amor incondicional. É uma pessoa que está em completa conexão com o Eterno. Não comete transgressões, por não sentir paixão por nada neste mundo. Deseja, apenas, ficar conectada com o Eterno.

O segundo nível é o *tsadic,* pessoa completamente voltada para o bem. O *rashá* ou *perverso,* ao contrário, é completamente voltado para o mal. Esse é o *intermediário*, em hebraico, *beinoni*.

Aqui ocorre um fato importante de se mencionar, pois algumas pessoas acabam por concluir que o *beinoni* é alguém que é meio *tsadic* e meio perverso. E não é verdade.

Podemos ser levados a concluir que o *beinoni* é alguém que faz um pouco de coisas boas e um pouco de ruins. No *"Tanya"*, Alter Rebe fala que o *beinoni* é alguém que não cometeu nenhum tipo de erro ou transgressão.

Como pode isso?

A explicação é simples. Quando cometemos erros na nossa vida, somos chamados de perversos. Aqui vale uma explicação do que é ser perverso, de acordo a mentalidade judaica. Ser perverso não é ser alguém que é mau e que não presta. Ser considerado perverso é nada mais do que uma pessoa que comete erros e que não age de acordo com a vontade do Eterno. Portanto, todas as vezes que cometemos uma transgressão somos considerados perversos por completo. No entanto, os sábios nos ensinam que, quando uma pessoa se arrepende e volta dos seus caminhos de perversidade, é considerada um novo ser, já não é mais a mesma pessoa. Claro que ainda não é um *tsadik*, ainda não é considerada pessoa justa, que é um nível mais elevado da alma, e sim um *beinoni*, um intermediário.

Perceba que esse intermediário, o *beinoni*, é quem conseguiu desligar-se do passado e lutar com todas as suas forças para ser uma pessoa melhor no futuro. Ser um *beinoni* é viver o momento, é ser um novo ser que está livre para se elevar e seguir, deixando o passado onde ele deve ficar, no passado. Veja que o foco do *beinoni* não é mais no que ele fez ou deixou de fazer, mas no que pode fazer agora.

Ser um *beinoni* é algo realmente possível, basta apenas que você decida ser.

CAPÍTULO 4:

Vivendo o presente

Como nos desvincularmos do passado e não termos ansiedade com o nosso futuro?

Hoje, a velocidade com que as coisas acontecem só tende a aumentar a cada dia. Com esse perfil de vida cada vez mais corrido, mais estressado, mais radical, nem o sono é uma ilha em meio ao caos que se instala a cada dia. O sono que, antes servia para recarregar as nossas energias, não é mais tão calmo como em tempos passados.

O resultado disso é que o consumo de antidepressivos é o maior da história e a tendência é que continue crescendo a cada ano. Um dos maiores problemas que acomete a nossa população é a conhecida depressão. A saúde física das pessoas está afetada, em mais de 80% dos casos, por motivos emocionais. Consultórios de psiquiatras e de psicólogos estão cada vez mais repletos de pessoas das mais variadas idades e classes sociais. A depressão é uma realidade na nossa vida, faz parte das conversas familiares e no nosso círculo de amizades.

Como poderíamos resolver essas dificuldades, é o cerne da questão. A primeira coisa que temos que entender é o que está acontecendo, saber quais são os sintomas. É somente uma parte da cura, mas sabermos a fonte e o motivo da doença traz a possibilidade de enfrentarmos o problema e acharmos uma cura verdadeira.

De acordo com a Torah, nosso mundo foi criado há 5780 anos (na hora de escrever essas linhas) e, de acordo com o calendário judaico, o mundo foi criado com o número 7 tendo grande importância. O número seis representa o mundo físico, por isso tudo em nosso mundo físico tem seis lados: da direita e da esquerda, parte da frente e parte de trás, parte de cima e parte de baixo. Porém, o judaísmo explica que existe a sétima dimensão, que é o lado espiritual a que a ciência se refere como energia. Toda matéria tem ou é feita de energia. Aprendemos isso com a famosa descoberta do cientista judeu Albert Einstein, a conhecidíssima fórmula $E=MC^2$.

A nossa vida, o nosso mundo, a nossa dimensão, tudo foi feito utilizando o número sete: são sete os dias da semana, sete anos sabáticos, sete notas musicais, sete continentes, sete entradas no rosto e por aí vai.

A existência do nosso mundo também é dividida em sete. Serão seis mil anos de ação humana, porém o sétimo milênio será da era messiânica, que foi prometido pelo Eterno na sagrada Torah, entregue pela mão de D'us diante de mais de três milhões de pessoas, no evento do monte Sinai.

Para entendermos melhor o momento em que vivemos, vamos fazer uma comparação entre os sete milênios e os sete dias da nossa semana. Nós temos o sétimo dia que é o *shabat*, o dia mais espiritual e elevado da semana. O *shabat* é um dia tão especial que nós, judeus, nos preparamos a semana inteira, ansiosos pela chegada desse dia. Os sábios ensinam que quem trabalhou na véspera do *shabat* comerá no dia do *shabat*. Isso significa que quem trabalhou e cumpriu a sua missão durante os outros dias da semana será merecedor da luz divina que desce no *shabat*, o dia do descanso.

O *shabat* é o dia em que nos ligamos com maior intensidade ao Eterno. É claro que temos que nos ligarmos a Ele durante todos os demais dias da semana, entretanto no *shabat* é diferente, pois nos outros dias da semana temos nossos afazeres comunitários, sociais, profissionais etc. Mesmo no meio de toda essa agitação, reservamos algum tempo para nossos serviços religiosos. No *shabat* é diferente. É um dia em que reservamos todo o nosso tempo para estar em contato com o Eterno. No dia de *shabat,* a nossa mente não se ocupa com nada do mundo material, que deixa de existir para os judeus nesse dia, por isso não ligamos televisores, celulares, não nos ocupamos com nada que seja capaz de distrair nossa mente do serviço ao Eterno. Até nossa alimentação é diferente. Nesse dia cumprimos o mandamento divino de nos alimentarmos bem, deixamos preparadas refeições especiais para assim nos conectarmos ao Eterno com o que comemos e bebemos. O *shabat* é especial.

No dia do *shabat*, não falamos de negócios, nem mesmo pensamos em negócios. O nosso corpo e a nossa mente estão desconectados do mundo físico, para servirmos ao Eterno com prazer, amor e alegria.

O sétimo milênio, que está para chegar, será o *shabat* do mundo. Um *shabat* de mil anos em que teremos uma luz especial vinda do Eterno. Nesse contexto, o termo *luz* aqui não significa luz física, e sim uma energia divina para nosso entendimento. Será uma conexão com o Criador como jamais experimentamos antes. Poderemos ver e sentir a presença divina em cada momento do nosso dia e o mundo será um lugar melhor.

Toda sexta-feira, na véspera do *shabat*, os nossos preparativos estão a mil, pois sabemos que o dia do *shabat* está por chegar. Somente quem vive em Israel ou em uma comunidade judaica sabe o que está acontecendo. Sexta-feira, a partir das 12h, começa a correria. Afinal, temos que cozinhar para o *shabat* (já que não se pode cozinhar no mesmo dia. Temos que deixar tudo pronto na sexta-feira), limparmos a casa em honra do *shabat*, tomarmos banho, colocarmos nossas melhores roupas, deixarmos nossas crianças arrumadas, prepararmos a mesa com o vinho, deixarmos as velas prontas para serem acesas pouco antes da chegada do *shabat*, e claro, prepararmo-nos espiritualmente.

O segredo da mentalidade judaica

Para quem não é do meio judaico, pode não parecer muita coisa, porém a preparação para uma data, reunião especial ou visita especial, é deixar que a pressa nos domine. Sabemos que tudo que fizemos durante a semana foi em mérito desse dia, o *shabat*. No domingo, recomeçamos; aguardando ansiosamente a sexta-feira para experimentarmos novamente da luz especial que desce em cada lar judaico no dia de *shabat*.

Estamos há 220 anos do "*shabat* do milênio", ou seja, estamos a poucas ''horas'' antes do final de "semana". Mesmo que muitos estejam sem saber da realidade da chegada do *shabat* milenar, vivemos no horário final da véspera de *shabat*. Cabe às mulheres judias fazer o acendimento das velas de *shabat* (cerimônia em que as mulheres judias acendem as velas ao receber o *shabat*; momento em que a família entra oficialmente no *shabat*). Interessante notar que o nosso subconsciente já captou que estamos nos momentos finais e que não há mais tempo a perder.

O que acontece quando nosso subconsciente já captou a informação, porém nossa mente ainda não entendeu a mensagem?

Então, corremos mais rápido, tentamos ser mais fortes e ágeis em coisas materiais, sem entender o real motivo desse sentimento de pressa ou de estresse.

O que devemos fazer nesse caso? O que posso fazer? Ou melhor, como eu posso me acalmar? Como diminuir o estresse e me preparar melhor? Como encontrar o equilíbrio mental necessário para esses dias?

CAPÍTULO 5:

Confiança

Desenvolver um relacionamento familiar com o Eterno

Confiança no Eterno, essa é a parte mais importante em nossa vida. Desenvolver uma confiança no Eterno que nos criou e nos trouxe até o presente momento. Muitas pessoas pensam que possuem confiança. Isso é verdade. Entretanto, na realidade, constatarão que essa confiança só existe enquanto as coisas estão indo bem. Basta que a situação mude um pouquinho, fique desfavorável e aquilo que pensavam ser confiança *cai por terra*.

Chegaremos a um ponto crucial de nossas vidas em que nossa fé será testada. Só depois que passarmos pelo teste é que descobriremos se realmente temos a confiança no Criador que pensávamos ter.

Conhecemos a história do povo de Israel, que foi libertado do Egito por meio de Moisés, o qual fez grandes sinais e maravilhas naquela terra. É uma linda história, pelo menos para se ouvir. Contudo, vamos enxergar esse fato por outra óptica.

É fato que o povo era escravizado. Se formos traçar um paralelo com a nossa situação hoje, veremos que não há muita diferença, já que as pessoas saíam cedo para trabalhar e só voltavam ao final do dia, cansadas, pensando no trabalho do dia seguinte. Os egípcios forneciam-lhes água, comida, moradia e roupas, bem como sensação de segurança. Frisando: sensação de segurança.

Havia sofrimento, é verdade, pois ninguém gosta de ser escravizado. O povo apenas sonhava com sua libertação, desejava ter o próprio país e suas leis. Enfim, sua liberdade. No entanto, sabiam que era algo humanamente impossível. Os egípcios tinham armas; o povo de Israel, apenas as ferramentas de trabalho. Os egípcios eram treinados para a guerra; os filhos de Israel, homens pacíficos. Portanto, a situação era desfavorável para os filhos de *Yaakov*. De repente, surgem duas figuras vindas do deserto com uma promessa de salvação. Reuniram os anciões do povo e lhes comunicaram que vieram para tirá-los do Egito e guiá-los para a terra que o Eterno havia prometido aos patriarcas.

Depois de todos os eventos na terra do Egito, os filhos de Israel despediram-se daquela terra para onde jamais voltariam e da escravidão. Todavia, antes da partida, os hebreus comeram pão sem fermentar.

O fermento é um símbolo do engano, uma massa de pão assada sem fermentar terá o mesmo peso de um pão fermentado. O fermento apenas melhora a aparência da massa, dando-lhe um formato maior, um aspecto mais belo, porém é a mesma quantidade de massa de pão.

Assim como o povo eliminou o fermento de suas casas no momento que antecedeu a saída do Egito, também devemos eliminar as dúvidas dos nossos corações. É mais cômodo acreditar que tal partido ou tal líder político resolverá os problemas da nação, é mais fácil acreditar ainda que existirá um evento cósmico e que, de um minuto para outro, o curso natural do mundo será mudado e entraremos em uma era de paz mundial.

O segredo da mentalidade judaica

Se os filhos de Israel jamais tivessem ousado desafiar a lógica, tivessem eliminado as dúvidas nos seus corações, de nada teria adiantado os milagres que Moisés realizou, de nada teria adiantado terem rezado e clamado a D'us por libertação, de nada teria adiantado as dez pragas lançadas pelo Eterno sobre o Faraó. Se o povo não ousasse, talvez ainda estivesse lá até os dias de hoje, ou pior, teria sido assimilado por outras nações e desaparecido nas brumas do tempo.

Ainda que pareça difícil, impossível ou mesmo que, humanamente, inviável, devemos ter a certeza de que o Eterno fará o melhor para nós, pelo fato dEle ser eterno. Pode não ser no momento em que queremos, da forma que queremos e no lugar que queremos, porém temos que confiar nEle incondicionalmente.

Algumas horas depois de terem saído do Egito, o povo sem armas, ainda sem um exército formado, foi perseguido pelo grande exército egípcio. Não dava para fugir e não tinha como enfrentar o inimigo. Moisés falou com o Eterno e Ele ordenou ao povo que marchasse em direção ao mar. As águas continuaram do mesmo jeito, ondas quebravam tranquilamente. Alguns se entreolharam tentando entender se tinham ouvido corretamente o que Moisés tinha lhes dito para fazer. Pouco a pouco, o exército egípcio se aproximava e as águas continuavam no seu curso normal. Até que surgiu, no meio do povo, um homem da tribo de Judá, seu nome *Nachshon*, filho de *Aminadav*, e fez o que era para ser feito. Pulou nas águas e caminhou para dentro do mar até que as águas quase cobriram a sua cabeça. Assim, as águas se abriram e todos puderam passar.

Não importa se os outros acreditam ou só estão exitosos, faça você o que se deve fazer e o milagre acontecerá. Seja você o iniciador de uma atitude positiva e influencie as pessoas a sua volta. *Fé*, em hebraico se escreve *emuná*, אמונה, que vem da palavra imun, אימון, que significa *treinar*. É para seu treino pessoal de *emuná* no Criador que existem as rezas, os dias de festas, os estudos da Torah, a vivência em comunidade e os mandamentos.

Poucos dias após a saída do Egito, o próprio D'us se revelou ao povo no evento do Sinai. Mais de três milhões de pessoas testemunharam aquele evento portentoso, naquela manhã de sábado, do ano 2448, depois da criação. O Monte estremecia. Havia relâmpagos e trovões. A cada segundo, o som estridente de trombeta soava cada vez mais alto. Até que o povo ouviu a voz do Eterno. Esse evento foi o primeiro e único na história da humanidade em que o Eterno se revelou a uma nação inteira.

Todavia, a pergunta que fica é: se o Eterno queria dar um país ao seu povo, por que não deu o Egito? Era um país pronto, o exército estava enfraquecido, o faraó morrendo de medo, um rio com grande volume de água fresca e potável, o povo já estava estabelecido e acostumado ao clima local, os egípcios tinham testemunhado dez pragas e nenhum deles teria coragem de falar uma palavra sequer contra os filhos de Israel, a nação egípcia temia os filhos de Israel e os filhos de Jacó conheciam todo o país. Imagine a revelação divina feita no Sinai sendo realizada no meio do Egito: era só tomar o controle e pronto.

Quando o Eterno quer dar algo, Ele dá o melhor e, muitas vezes, o melhor está longe do alcance dos nossos olhos. Pode ser natural que você duvide de que *Mashiach* vá se revelar, pode parecer utópico que o terceiro templo será reconstruído quando olhamos o monte onde outrora estava o *Beit Hamicdash* feito por Salomão e vermos nele erguido um templo idólatra, pode parecer inviável que o mundo passe para uma era de paz, quando as notícias sobre violência efervescem a cada hora. Contudo, devemos ter confiança, pois se o Eterno libertou uma vez, com certeza, fará novamente e, dessa vez, não será preciso tirar o povo de Israel de um país estranho e levá-lo para outro lugar.

O povo já está estabelecido, *Erets* Israel (terra de Israel) está pronta para receber a revelação de *Mashiach*. Falta pouco. Todos os dias vemos centenas de judeus retornando para casa. Por todo o mundo, pessoas estão procurando pelo Eterno. O movimento *noahide* nunca foi tão grande como está sendo nos dias atuais.

Na primeira libertação, foi preciso tirar o povo, ensinar a lei, constituir uma nação, conquistar um território. Dessa vez, nada disso será necessário. O Eterno não precisará tirar as pessoas do planeta Terra e levar para outro mundo, a era messiânica será aqui no planeta mesmo, fisicamente.

Não será necessário fazer grandes sinais e maravilhas, como abrir o mar ou se revelar novamente no Sinai. O povo judeu está bem instalado, o mundo já está pronto, falta pouco, milésimos de centímetros para a chegada final da corrida que se iniciou muitos anos atrás. Basta destruirmos a desconfiança e a era messiânica chegará. Para o Eterno, nada é difícil. Pelos olhos humanos, a segunda redenção será mais fácil do que a primeira, é só apreciar o momento. Basta que a pessoa tenha coragem de tirar o fermento de suas vidas. Aquele que maquia a realidade, dando uma aparente tranquilidade, uma paz mendaz. Uma sociedade que se diz justa, mas que, na realidade, vive cada um por si e quase ninguém realmente se preocupa com o próximo.

Ter confiança no Eterno é ousar acreditar no que parece impossível. É abandonar a idolatria e depositar a certeza nEle, é caminhar mesmo que pareça existir um grande mar a sua frente, mesmo que seu passado o persiga como fez o faraó quando percebeu que o povo havia saído e que ele perdera a mão de obra gratuita.

Ter confiança é não temer o futuro, mesmo que se pareça com um grande deserto, ou com um mar intransponível. Ter confiança no Eterno é ter a cabeça e a mente no presente e viver o agora aproveitando cada momento da melhor maneira possível. Tudo o que um pai mais gosta é de ver seus filhos felizes quando recebem um presente. Não se esqueça de quantos presentes Ele já lhe deu. Cada milésimo de segundo é uma dádiva do Criador. Aproveite!

    Um belo dia Jacó, que gostava muito de passear na natureza, enveredou-se por uma trilha pouco conhecida e constatou que era mais difícil do estava acostumado. Em um momento distraiu-se, acabou tropeçando em uma pedra e se encontrou em uma situação complicada. Ele, que estava caminhando tranquilamente sentindo os raios do sol batendo em seu rosto, apreciando o cheiro da natureza naquela bela e alegre manhã de domingo em que ia observando a linda paisagem a sua volta, agora estava dependurado prestes a cair em um desfiladeiro. Agarrava-se a uma rocha com toda a força que tinha em suas mãos. Abaixo um abismo, um grande abismo. Ele tentou de todas as maneiras sair de lá, porém, aos poucos, percebeu que, se não recebesse a ajuda de alguém, acabaria caindo para a morte certa. Sabia que seus braços não suportariam o peso do corpo e a gravidade faria o papel dela. Ele despencaria rumo ao solo. Jacó começou a gritar na esperança de que alguém estivesse passando por lá, ouvisse seus gritos e o ajudasse. Gritou diversas vezes, porém, para sua decepção, não obtinha nenhuma resposta. Os raios de sol, que antes lhe traziam prazer, agora lhe provocavam calor. Seu corpo suava. Aos poucos, ele ia perdendo água. O calor do sol era seu inimigo, pois acelerava sua desidratação. Era questão de tempo até ele sucumbir. Depois de alguns minutos, no entanto, reunindo suas últimas forças, soltou um grande e desesperado grito pedindo ajuda. Em sua mente, rezava pedindo ao Eterno que o ajudasse. As mãos suadas escorregavam da fenda da rocha em que ele se segurava. A mochila em suas costas parecia aumentar o peso a cada segundo que passava. Jacó lembrou-se de sua família, dos amigos, da casa onde morava. Ele sabia que jamais retornaria para lá. Apesar de saber que não podia mais se sustentar por muito tempo, evitou olhar em direção ao chão. Uma lágrima triste escorreu de sua face enquanto olhava para o céu, lançando um último olhar com a esperança de que alguém chegasse e o ajudasse. Com o suor, suas mãos iam escorregando pouco a pouco. Era o fim. Entretanto, sem que esperasse, escutou uma voz forte vinda do céu: "— Meu filho Jacó, vou te ajudar! Você tem confiança em mim?".

Jacó respondeu: "— Sim. Eu tenho. Por favor, me ajude logo a sair daqui!". A voz o instruiu: "— Então, meu filho Jacó, solte uma mão da rocha!". Sem pensar duas vezes, Jacó soltou a mão esquerda. Com a direita, segurava-se forte à rocha. Após alguns segundos ele, não vendo nada nem ouvindo mais a voz, pôs-se a gritar por ajuda. Eis a voz novamente: "— Meu filho Jacó, você tem mesmo muita confiança em mim?". Ele respondeu: "— Sim. Eu tenho muita confiança. Eu confio totalmente em Ti!". A voz ordenou: "— Então, meu filho, solte também a outra mão!". Jacó pensou por um momento, olhou para baixo, calculou a altura, refletiu por alguns segundos, recolocou a mão que tinha soltado da rocha, encheu os pulmões e soltou um grito ainda mais alto do que os anteriores. "— Socorro! Socorro! Tem alguém aí em cima?".

Quando enfrentamos os momentos mais desafiadores em nossas vidas, é que passamos realmente a conhecer as nossas forças. Em momentos de grande sofrimento e dúvida, em que tudo parece perdido e, humanamente, impossível sair de uma situação em que nos encontramos é que descobrimos qual é o nível da nossa confiança no Eterno.

O segredo da mentalidade judaica

Como posso então ter mais confiança?

Quando um judeu praticante acorda pela manhã, a primeira coisa que faz, antes de pisar no chão, de falar bom-dia para a esposa ou os filhos, de pensar no que vai ter que fazer naquele dia, de olhar a hora em que acordou, é dizer uma frase curta, porém que demonstra toda a sua confiança em D'us. Uma frase que o conecta com o Eterno nos primeiros segundos ao iniciar seu dia:

מודה אני לפנייך מלך חי וקיים שהחזרת בי נשמתי בחמלה, רבה אמונתך.

"Dou graças a Ti, Rei vivo e Eterno, pois Tu misericordiosamente restauraste a minha alma dentro de mim. Tua fidelidade é Grande."

A frase no final do texto do Sidur representa o motivo que nos faz acordar de manhã, é a confiança que o Eterno deposita em nós todos os dias, é a confiança dEle de que nós, pequenos seres humanos, faremos a nossa parte e conseguiremos cumprir a missão que nos foi confiada antes do nosso nascimento. É pela fé que tem em nós que Ele, o Santo Bendito seja, deixa-nos acordar para mais um dia.

Ao acordar, você deve sentir gratidão, pois o Eterno está lhe dizendo que acredita que dessa vez conseguirá. Ele está lhe dando todas as armas para vencer, está fornecendo tudo o que precisa. Não O decepcione! Ele confia em você e está torcendo para que consiga. Esse é o desejo dEle. O prazer dEle é ver que você, eu e todo mundo conseguimos nos superar e vencer os desafios que nos foram colocados para enfrentarmos.

Talvez, no final do dia, Ele possa olhar com satisfação e dizer que valeu a pena apostar em você mais uma vez. Você também poderá se olhar no espelho e se sentir bem, pois conseguiu, mesmo em meio a tantas tentações, fazer o dia ter valido a pena.

Como um general que manda seus soldados ao campo de batalha, Ele age assim conosco. Não apenas manda seus soldados de maneira irresponsável, mas pensa em cada necessidade que os soldados terão no campo de batalha para vencer seus inimigos e garantir a vitória. Antes de mandá-los à batalha, também lhes informa tudo a respeito do inimigo a ser enfrentado, pensa quais serão as melhores armas, a melhor estratégia, o melhor horário para iniciar a batalha, o momento de recuar ou de avançar mais, os alimentos e os medicamentos que os soldados precisarão para cumprir a missão que lhes foi confiada.

O segredo da mentalidade judaica

Assim é o nosso Criador. Ele nos mandou a este mundo munidos com tudo o que precisaremos para cumprir a nossa missão.

Imagine que esse general é seu pai e que não apenas o manda para o campo de batalha para lutar, ele quer que você volte melhor do que foi, e claro, quer vê-lo vitorioso por ter aprendido muita coisa com o que vivenciou nas batalhas em que lutou.

O Eterno mandou cada um de nós a este mundo com uma missão específica. Ele nos dotou com todos os instrumentos necessários para a luta, pensou em cada detalhe por menor que fosse, desde as faculdades mentais como os meios materiais para que a nossa missão pudesse ser bem-sucedida e voltarmos para Ele um dia com a missão cumprida.

O Judaísmo ensina que, antes de vir ao mundo, a pessoa aceita com qual nível de bens materiais nascerá. Essa situação financeira é um dos cenários que ajudará a pessoa a cumprir sua missão. Não é a sua missão ser rico ou pobre, mas a condição financeira contribuirá para que seja bem-sucedido em sua tarefa assumida antes de nascer, um compromisso com o Eterno.

O mesmo vale para a família escolhida

para a pessoa nascer, o meio social, o país – e pasmem –, até mesmo a religião de sua família faz parte do cenário para que seja cumprida a sua missão.

De acordo os conceitos judaicos, somos recriados a cada dia. A bondade do Eterno que não nos deixa perceber que somos diferentes hoje do que éramos ontem. Essa percepção vai sendo notada pouco a pouco; depois de alguns meses ou até mesmo anos, a pessoa percebe como mudou ou como evoluiu em diversas áreas da vida. No entanto, de acordo com a lei judaica, a pessoa deve agradecer ao Eterno que lhe reviveu e devolveu a sua alma. Mesmo que esse novo ser ainda não seja visível, a pessoa deve agradecer.

Há dias em que as pessoas acordam e não têm vontade de fazer nada, e não é por causa do sono ou do cansaço, e sim por falta de expectativas quanto ao trabalho, encontrar amigos ou estudar. Muitas pessoas, ao saírem de casa para os afazeres cotidianos, têm apenas um desejo: voltar para casa e ir para a cama. Assim nos esquecemos de que existe alguém que confiou em nós. Desprezamos o fato de que alguém nos entregou a chave para o sucesso de nossa vida, não notamos que alguém nos deu todos os meios e oportunidades para garantir o sucesso tão desejado para o nosso futuro. Infelizmente são muitos os que estão sentindo que não são mais capazes, desprovidos de autoconfiança ou perda da esperança.

Para combater esses comportamentos, precisamos entender e nos conscientizarmos de algumas coisas. Primeiro, entender que o Eterno nos deu mais um dia, e esse é o grande milagre, o grande presente. Não é algo trivial, foi mais uma aposta que o Eterno fez em nós, meros mortais. Ele acreditou em mim e em você mais uma vez, por isso é a nossa chance de corresponder às expectativas que foram depositadas em nós. Não seria desleixo de nossa parte deixar passar mais uma oportunidade de provar que somos merecedores de tal confiança? Não seria desrespeitoso para com o Eterno continuar a repetirmos os mesmos erros dos dias anteriores? Esse é o momento de dar a volta por cima. Se estamos vivos agora, é porque alguém confiou, acreditou que seríamos capazes de nos superar.

Então, como posso saber qual é a minha missão?

A transgressão que a pessoa que tem fraqueza pode cometer é não cumprir sua missão. É exatamente nesse aspecto que ela deve melhorar. Superar esse desafio é lembrar-se de que tudo a sua volta será para contribuir para que sua missão seja cumprida.

Citarei um exemplo para clarificar o assunto. Se você detectar que comete a transgressão de falar mal das pessoas e esse for um ponto que sempre lhe causa sofrimento, com certeza se deparará com situações em que as pessoas a sua volta apontarão algo ou alguém para que cometa a transgressão. No entanto, tendo em mente que essas pessoas que estão aparentemente o induzindo a cometer a transgressão não são más, são ferramentas para ajudá-lo a superar seus desafios, o mérito por resistir à transgressão e vencer o teste será todo seu.

O que vem depois? Mais testes e provavelmente na mesma área, até você ter suplantado o *yetser hará*, o *instinto mal*, ter evoluído em um aspecto é se deparar com a mesma situação que antes o fazia cair. Superar, esse é o ponto central. Se você se deparou com situações que antes o faziam cair e não se deixou levar pela emoção e prazer momentâneos, deu meia-volta e retornou ao caminho correto, pode estar certo de que passou no teste.

O capítulo sobre o tempo mostra o *beinoni*

ou o *intermediário*. Há pessoas que estão com a mente e os sentimentos no passado e não progridem, não vão adiante, estão agarradas ao passado que já não existe mais. Como resultado, vivem com angústias, rancores, sentimentos de arrependimento e dor.

Podemos afirmar que o passado jamais existiu e a pessoa que vive em um lugar que não existe mais, relembrando momentos que não existem mais, vivenciando experiências ou tentando revivê-las está cometendo uma transgressão. Se o Eterno trouxe você até aqui é porque Ele o quer aqui! Manter-se nesse processo conceitual vai, aos poucos, fazendo a pessoa desaparecer, perder a noção de realidade, deixar o passado para trás e estar aqui e agora, não apenas de corpo, mas por inteiro. Lembre-se de que o tempo é um presente, é um convite ao agora. Quando alguém o convida a ir a uma festa, o que ela está lhe pedindo, na verdade, é que doe um pouco do seu tempo e de sua atenção a ela. Se o Eterno está o convidando para viver agora, é porque ele quer sua atenção, por inteiro. Você é importante. Aproveite o momento!

Por outro lado, existem pessoas que estão vivendo com a mente no futuro, que também não existe. O futuro é algo que pode mudar, não é uma ciência exata. Cada ação que você tiver interferirá no seu futuro, por isso não adianta tentar prevê-lo. Até porque isso é proibido pela Torah. Lembre-se de que você deve se programar. Pode sonhar e desejar. Isso não é problema. Apenas pense no futuro e aja no presente. O presente significa exatamente isso, um presente. O futuro é o resultado. Nosso foco deve ser somente na ação, pois o resultado do trabalho depende tão somente do Eterno.

Se sentir falta de autoconfiança, se olhar no espelho e se ver incapaz de acreditar que pode conseguir se superar, olhe para o alto, para o Eterno que confiou em você, foi Ele quem o criou, Ele o formou, Ele que o trouxe até aqui com todas as suas faculdades, Ele sabe que você é capaz.

O Eterno deposita a confiança dele em nós, para podermos cuidar de outras vidas. Se você é pai ou mãe, é um sinal de que o Eterno confiou tanto em você que, além de sua vida, Ele confiou que você será capaz de cuidar de outras vidas. Uma pessoa é como se fosse um mundo inteiro. Veja que grande confiança Ele tem em você!

Ele confiou a você uma missão gigantesca.

Ele confiou que você será capaz de educar, cuidar da saúde, pensar na alimentação, dar amor e atenção a uma criança e prepará-la para o mundo. Talvez, vendo por essa ótica, você até se assuste, mas se Ele confiou que você é capaz é porque Ele sabe. Ele o dotou com as habilidades necessárias para fazer o que for preciso para que essa vida que está sob sua responsabilidade seja feliz. Mesmo que, aparentemente você não saiba como cuidar dos filhos, Ele sabe que você tem a capacidade de aprender como fazer da melhor forma possível. Essa é uma missão linda e muitos não podem ter. Se não acredita em você mesmo, acredite em quem sabe mais do que você, que sabe mais do que eu e mais do que todo mundo.

O Eterno depositou em suas mãos grande fortuna. E agora? Como lidar com a riqueza?

Vale frisar que rico ou pobre é uma questão de mentalidade e não exatamente de bens materiais. É apenas para explicar o porquê algumas pessoas têm mais do que outras.

Sabemos que cada um de nós temos a obrigação de fazer *tsedacá, caridade*. Independentemente de ser judeu ou não, pobre ou rico, sua raça, crença ou nacionalidade, quando o Eterno lhe dá mais possibilidades financeiras e materiais, é um ato de confiança em você. Ele está demonstrando que confia que você será capaz de fazer mais justiça. Ele está dizendo que espera que você se preocupe com os menos favorecidos. Quando você ajuda alguém, na realidade, quem está recebendo é você mesmo.

Avraham Avinu tinha na sua tenda quatro entradas. Assim ele podia olhar nas quatro direções e ver quem estava passando por perto e correr até o transeunte para lhe fazer *tsedacá*. *Tsedacá* não é o mesmo que caridade, conforme pensamento comum. *Tsedacá* é fazer justiça, é ter no íntimo do seu coração o desejo de que seu semelhante tenha tanto quanto você. E melhor seria se ele não precisasse receber algum tipo de caridade.

A pessoa que poderíamos chamar de pobre, apenas por ter menos recursos financeiros, também tem a obrigação de fazer *tsedacá*. Nem sempre fazer *tsedacá* está relacionado a dinheiro. Existem pessoas com muito dinheiro e tudo o que elas mais precisam é de alguém que as escute ou as entenda. De nada adianta doar centenas de dólares a uma pessoa em estado terminal e abandonada pela família em um leito de hospital, porém essa pessoa gostaria de receber alguém que lhe desse alguns minutos de atenção, que lhe dissesse palavras de conforto e que segurasse sua mão por alguns instantes.

Portanto, se você não tem posses, mas tem tempo, visite um hospital, um asilo, sente-se ao lado de um mendigo e lhe dê um pouco de atenção. Existem diversas maneiras de ajudar alguém, basta olhar a sua volta e verá que há inúmeras possibilidades de fazer o bem ao seu semelhante, basta apenas se dispor a fazer.

Certo dia, eu estava saindo de uma palestra quando parei em um sinal na Avenida do Estado, em São Paulo. Um pedinte se aproximou e pediu alguns trocados para comprar comida. Antes de se despedir, ele me estendeu a mão e eu o cumprimentei. Ele me olhou e disse que aquela era a primeira vez em semanas que alguém o tratava como um ser humano.

Perceba que o valor monetário que ele havia recebido nas semanas anteriores não tinha tanta importância quanto um aperto de mão. Muitas pessoas ajudaram-no, com certeza, entretanto evitaram pegar em sua mão. Muitas vezes, o que as pessoas precisam, além de alimentos, roupas, remédios ou dinheiro, é serem tratadas como seres humanos, receberem um olhar amigo, um aperto de mão, um abraço. Isso não custa nada.

Existe uma história sobre Rabi Akiva, a qual relata um fato ocorrido após ele se casar com Raquel, que era filha de um milionário chamado Kalba Sabua, enquanto o jovem Akiva era um simples e pobre pastor de ovelhas, com poucas expectativas de melhorar de vida, analfabeto. Ela, ao contrário, tinha tudo o que uma jovem pode querer.

Kalba Sabua não queria que a filha se casasse com um homem como Akiva. Como desaprovava o casamento, não deu nenhuma ajuda aos dois.

O novo casal estava em uma situação difícil. A pobreza era tão grande que não tinha sequer uma cama para dormir. Na casa deles, não tinha cadeiras, mesa e outros móveis. Eles dormiam em uma espécie de cama feita de palha. Toda manhã, o jovem Akiva tirava a palha que ficava no cabelo da esposa. Um dia, enquanto Akiva estava tirando a palha do cabelo da esposa, escutou alguém batendo na porta. Quando Akiva abriu a porta, viu um velho pobre pedindo um pouco de palha, pois a esposa dele tinha dado à luz e ele não tinha onde colocar o bebê. Após fornecer toda palha de que o homem precisava, Akiva se voltou para a esposa e comentou: "Veja como somos afortunados, pois existem pessoas que não têm nem palha".

Como dissemos antes, toda realidade depende da maneira como a pessoa enxerga o mundo a sua volta. É aquela velha história, o copo pode estar meio cheio ou meio vazio, depende de como o expectador enxerga o copo.

CAPÍTULO 6:

Nosso foco e nosso objetivo

Ter foco, ter um plano, ter uma meta

Acordar de manhã e começar o dia parece algo fácil. Basta abrir os olhos, respirar fundo, espreguiçar-se, levantar-se e pronto. Está dado início a mais um dia comum na vida de pessoas comuns iguais a você e eu.

Entretanto, na realidade, existe um grupo de pessoas que não acorda quando abre os olhos de manhã, fica o dia inteiro torcendo para que o dia passe logo para voltar para a cama e se desligar do mundo. Infelizmente, algumas delas estão utilizando ansiolíticos para acelerar o processo do sono. O sono é a fuga da realidade, é uma maneira de fugir dos problemas e deixar tudo para trás, por pelo menos algumas horas, e, na manhã seguinte, recomeçar tudo novamente. O ciclo se repete por dias, meses e até anos a fio.

Para algumas pessoas, fazer isso se tornou parte do seu comportamento e o fazem de uma maneira quase ou totalmente inconsciente. Mas será que é essa a missão de vida delas? Terá sido para isso que vieram ao mundo? Para viver dessa maneira, se é que se pode chamar isso de viver, foram sustentadas e trazidas até esse momento pelo Criador. Por continuarem agindo assim, que o Eterno aposta mais uma vez a cada manhã nessas pessoas. Se você ainda não entendeu, volte e releia o assunto no capítulo cinco.

Como falado anteriormente, existe alguém que nos mandou a este mundo com uma missão específica, e Ele nos deu tudo o que precisamos para superar o que se apresentar em nossas vidas. Esse conceito deve ser fixo na sua mente.

Tudo o que ocorreu em nossas vidas, e que por um momento talvez tenhamos avaliado como algo ruim, na realidade foi bom e serviu para moldar nosso caráter, nossa personalidade e para nos levar a um nível mais elevado em todos os sentidos de nossa existência.

Dor Leon Attar

É claro que todos passam por momentos de pressão em algum momento da vida. Na verdade, um bebê já nasce sob pressão. O corpo da mãe que, durante nove meses, foi abrigo para a criança e lhe forneceu proteção contra o frio e o calor, dando todo alimento necessário além de locomoção, com o tempo o próprio corpo materno, que era tudo o que uma criança tinha, começa a rejeitá-lo, o que era antes um abrigo aconchegante passa a expulsar a criança. Caso não o faça, haverá o risco de morte para a mãe e para o filho.

Não é por falta de amor ou por repulsa que o corpo da mãe expulsa a criança, e sim por amor que ela veio ao mundo. A criança deixa o lugar mais seguro do mundo para passar a viver em um mundo cheio de instabilidade, onde terá que respirar por conta própria e, depois de alguns meses, terá que aprender a caminhar, cuidar-se, trabalhar, passar por decepções, sucessos, fracassos, dúvidas, certezas, alegrias e tristezas. Pode parecer loucura, porém, ao olharmos para esse processo de uma maneira pessimista, não é grande coisa ter saído do útero materno. Pode-se concluir que lá estava melhor. Contudo, nos dias das Mães, vemos milhares de filhos se declarando para suas mães e agradecendo por tê-los trazido ao mundo.

Se estamos aqui hoje, foi porque, querendo ou não, superamos essas dificuldades e deixamos mesmo que, às vezes de uma maneira inconsciente, o passado para trás. Fisicamente estamos aqui vivos. Porém, será que nossa mente nos acompanha? Ou será que estamos loucos para voltar para nossa cama e nos isolar do mundo, tentando assim recriar aquele útero que a própria natureza já nos colocou para fora há alguns anos?

Lembre-se de que, se alguém ficar mais tempo do que o normal no útero da mamãe, é perigoso para ela e para a criança. Se você já saiu de lá, qual é a razão para lá querer voltar?

Aprendemos como nos desapegar do passado no capítulo "Agradecimento". Agora, o negócio é colocar em prática a confiança de acordo a mentalidade judaica, ter foco e seguir o caminho que se apresenta diante dos nossos olhos, escolhendo as melhores opções de acordo com o que a Torah nos ordena.

Se formos analisar as situações mais difíceis que já passamos em nossas vidas, veremos que, nos piores momentos, veio o alívio; no momento de mais escuridão, a luz; nos momentos de mais dúvidas, aquela inspiração salvadora que nos fez levantar e seguir adiante.

Não se preocupar com o futuro não significa não fazer algo no presente que terá resultados no futuro. Está longe de não planejar os anos que ainda virão. Uma pessoa que age assim está cometendo grande engano, e talvez ainda não tenha entendido o conceito judaico sobre o futuro. O que a mentalidade judaica positiva diz é que a pessoa não deve ter calafrios pensando se terá ou não sucesso, se conseguirá ou não todos os objetivos sonhados, o foco deve estar na ação e a ação deve estar no presente.

De nada adianta ficar preocupado se não conseguirá ser uma pessoa realizada, ao passo que também não adiantará ficar sonhando que será um grande sucesso em todas as áreas de sua vida. A sua ação para hoje deve ser pensando em obter a conquista dos seus objetivos. O foco é no agora. O futuro virá no curso certo do tempo. Mesmo que sonhe e deseje algo, ou procrastine indefinidamente determinado assunto, o nictêmero terá o mesmo tempo de sempre.

Os nossos sábios ensinam que não existe nada de mal que desça do céu. É nosso afastamento intencional ou não do Criador e da

O segredo da mentalidade judaica

luz que dele emana que é a causa da essência do mal. Não é o caso de o Judaísmo acreditar que o mal é um ser espiritual que comanda um reino oposto ao do Eterno. Esse nunca foi um conceito judaico em nenhuma época da história do Judaísmo. Todavia, é como aquela famosa pergunta: quando se acende uma luz para onde vai a escuridão?

Nos momentos mais escuros, sempre acende uma luz em algum lugar e de alguma maneira. Rebe de Lubavitch fala que, para combater a escuridão, não precisa bater forte nela, basta que seja acesa uma pequena luz, pois é o bastante para afastar a escuridão.

Uma das nossas missões é refletir a luz que recebemos de D'us. Devemos ser luminárias e guias no caminho, ajudando os outros a encontrar o caminho de volta para a fonte de toda luz.

Só que, para me ajudar e a outras pessoas, primeiro preciso me treinar. Lembra que fé não é acreditar cegamente em tudo o que se ouve falar ou em algo que não se pode estudar e mensurar. Esse também não é e nunca foi um conceito judaico. *Emuná* é treinar dia a dia e, no final do treinamento, verificar como está sendo seu desempenho.

Tem que treinar a mente positivamente para ter *emuná* que o Eterno está no controle de tudo e ser sincero consigo mesmo de que está fazendo a sua parte. Pode utilizar como mantra a seguinte frase: *tudo que acontece é para o bem, tudo que D'us faz é para o bem*. Repita dez, cem mil vezes, treine sua mente para isso e, em pouco tempo, verá que realmente tudo que o Eterno faz é para o bem.

Certo fazendeiro era conhecido por não reclamar de nada. Seus amigos então resolveram testá-lo sem que ele soubesse. Um belo dia, no fim da tarde, chegaram para ele e disseram que, no rio que cortava sua propriedade, as águas estavam correndo ao contrário. Ele sequer expressou alguma preocupação com isso e respondeu que o importante era o rio não secar.

No outro dia, os amigos mudaram a estratégia e disseram a ele que o curso do rio havia voltado ao normal. Porém, no exato momento em que entrava na sua propriedade, as águas deixavam o leito do rio e flutuavam só descendo novamente após cruzar o limite da sua fazenda. Assim, ele perderia a oportunidade de irrigar suas plantações e atender às necessidades do seu rebanho e teria que comprar

O segredo da mentalidade judaica

água por um preço muito alto. Ele respondeu tranquilamente: "Eu não vou mais plantar nem criar animais. Viverei de turismo agora. Todo mundo vai querer ver um rio flutuante".

Ter uma mente treinada para ser positiva é o primeiro passo para eliminar qualquer possibilidade para que surja em seus pensamentos a tristeza, o estresse, a ansiedade ou até mesmo a depressão. No momento de aperto, seja um ponto de luz, ilumine o acontecimento com a centelha do que de bom que tem nesse evento. No início não será fácil, mas com treino e prática vira um comportamento natural, um hábito.

Vivemos em um mundo corrido, porém essa não é nossa missão. Tenho certeza de que, em condições cognitivas normais, ninguém vai pensar que a sua missão na vida é apenas trabalhar, formar uma família e existir nesse mundo sem que houvesse algum significado especial para estar aqui. Victor Frankl, um dos maiores psicanalistas do século XX, no seu livro *"Em busca de sentido"* relata a sua experiência no campo de concentração na Segunda Guerra Mundial. Ele conta que continuou a lutar para se manter vivo graças ao sentimento de ter uma missão. No seu relato, ele afirma que mantinha uma ideia fixa de que tinha algo importante para fazer depois do fim da guerra.

Uma pessoa que vive sem ter em sua mente um objetivo claro de que não está aqui por acaso e que tem algo de importante para realizar em sua vida, pode ser considerada como uma pessoa morta.

Quando uma pessoa consegue viver com intensidade cada momento da vida, sem nenhuma ansiedade com relação ao futuro e sem correntes mentais que a mantenha presa ao passado, é de fato uma pessoa que realmente está viva!

CAPÍTULO 7:

Gratidão

Desenvolver o sentimento de gratidão é desenvolver o sentimento de anulação

Em hebraico "judeu", escreve-se *Yehudi*, יהודי, e é uma palavra que vem da fonte *hodayah* הודיה, que significa *agradecer*. Além desse significado, a palavra *"judeu"* também deriva de outra palavra, *hodaha* הודאה, que tem por significado *admitir a verdade*. As palavras *agradecer*, *judeu* e *admitir*, em hebraico, possuem a mesma fonte.

Conforme está escrito em *Bereshit* (Gênesis 29:35), há o relato da história de Léa, nossa matriarca, quando deu à luz ao quarto filho de Jacó. Diz a Torah que ela, querendo agradecer ao Eterno pela dádiva de ter tido mais um filho, chamou-lhe de Judá, de onde se originou a palavra *judaísmo*. Portanto, desde o nascimento do nosso patriarca, Judá está no âmago de cada alma judia. A tendência natural para agradecer e admitir a verdade absoluta, que é tudo que está escrito na Torah.

Como foi relatado anteriormente, a primeira coisa que fazemos pela manhã é agradecer ao Eterno por ter devolvido a alma ao nosso corpo mais uma vez, renovando-nos a vida e dando-nos mais uma oportunidade para melhorarmos em todos os aspectos, desde as atitudes conosco, com nossos familiares e com a sociedade em geral.

No entanto, a verdade é que não é apenas mais uma reza sem vida que se decora, como uma música, um nome ou um endereço, temos que viver nosso dia a dia canalizados com o sentimento de gratidão. No Judaísmo, há pequenas rezas que fazemos em determinadas situações do dia, como antes de se consumir algum alimento, ao ouvirmos boas notícias ou depois de realizarmos nossas necessidades fisiológicas. Pode parecer estranho para quem não está familiarizado, porém o correto funcionamento das funções fisiológicas do corpo humano é essencial para expelirmos substâncias que seriam nocivas a nossa saúde. Portanto, é importante agradecer por ter um corpo saudável.

O pensamento judaico positivo diz que devemos agradecer por tudo que já passamos, por tudo que temos, por tudo o que somos, por tudo o que teremos e por tudo o que ainda vamos passar no futuro. Seria normal que uma pessoa que já tenha vivido ou testemunhado grandes tragédias se pergunte: como alguém poderia agradecer ao Eterno pelas desgraças que a vida traz? Os nossos sábios ensinam que temos que agradecer pelo mal com a mesma intensidade e emoção que agradecemos pelo bem.

Somos afetados, em maior ou menor escala, por experiências do passado. Hoje estamos aqui tendo experiências que serão parte do nosso futuro. As nossas experiências com familiares e com a sociedade na qual estamos inseridos ajudam a moldar a nossa personalidade e compõem um importante processo na maneira como nos portamos no meio em que vivemos.

Talvez possa parecer que simplesmente agradecer por tudo faz a pessoa se prostrar e não tentar conquistar nada mais do que a vida lhe ofertar. Estar satisfeito não é ficar passível; pelo contrário, agradecer por tudo jamais esteve ligado à prostração. O fato de ser agradecido é que move a pessoa a conquistar cada dia mais. Estar agradecido é estar feliz com o que já possui, é ter consciência de que foi capaz de conquistar o que já tem. É óbvio que também tem a capacidade de conquistar mais. Muitos confundem satisfação com falta de perspectiva. Uma coisa é ser uma pessoa que trabalha para se melhorar em todos os aspectos da sua vida; outra é desejar conquistar alguma coisa pensando que, ao possuir esse algo a mais que lhe faltava, atingirá um estado de prazer completo. Quando uma pessoa não entende que o maior prazer que a sua alma pode atingir é estar conectada com a fonte de onde ela saiu, ligará o prazer a bens materiais. Porém, quanto mais conquistar, mais desejará, e assim a pessoa entra em um círculo vicioso virulento à sua alma.

Uma vez Alexandre, o Grande, perguntou aos sábios de Israel quem poderia ser considerada uma pessoa rica. Por ser ele o rei e ter conquistado grande parte do mundo conhecido da sua época, Alexandre pensava que os sábios judeus responderiam que ele seria um exemplo de uma pessoa realmente rica mas, para sua grande surpresa e decepção, os sábios responderam que uma pessoa só pode ser considerada rica se estiver satisfeita com o que possuir. Essa resposta deixou-o decepcionado, pois, além de mostrar que Alexandre mesmo sendo o homem mais poderoso da sua época, de acordo com o judaísmo era uma pessoa pobre. Ele morreu com pouco mais de trinta anos sem estar satisfeito com o que possuía, porque fez de conquistas materiais o único meio de saciar a sua alma. Então, mesmo que conquistasse o mundo inteiro, ainda desejaria mais, Alexandre não foi capaz de aproveitar o vasto e rico reino que herdou do seu pai. Ele era conhecido por ser um dos maiores comandantes da história do mundo, jamais perdeu uma batalha e era um difusor da cultura grega pelo mundo todo, entretanto seu nome nunca apareceu nas listas dos reis mais ricos do mundo antigo e moderno, o seu desejo em conquistar era por motivos egoístas e, na guerra contra o egoísmo, ele perdeu a batalha.

Estar satisfeito é um princípio importante para ter uma vida melhor. A satisfação serve para possuirmos mais e para sermos mais, porém a satisfação verdadeira está atrelada ao ato de agradecer pelo que temos, é saber o que se tem e saber o que se deseja ter, e ser grato por isso. Devemos ser gratos até pelo fato de podermos desejar algo. Acima de tudo, devemos olhar para dentro de nós mesmos e nos perguntarmos se o que desejamos é algo puro ou é movido por motivos egoístas. Reconhecendo a fonte que move todos os nossos desejos, descobriremos o motivo pelo qual devemos ser gratos.

A fonte que move o nosso desejo será o motivo que nos leva a agradecer e nos conduz à direção da conquista do objetivo. Será que alguém teria coragem de em uma conversa sincera com o Eterno agradecer por desejar algo que seja imoral? Alguém teria coragem de agradecer por ter uma casa construída com dinheiro de corrupção? Será que alguém verdadeiramente sincero agradeceria por ter cometido um crime e saído ileso das mãos da justiça humana?

Queremos crer que não, e é nossa obrigação fazer uma autoanálise. Se o desejo de concluir uma faculdade for para que, com sua profissão, mais pessoas sejam beneficiadas pelo profissional que você será, vale a pena agradecer e lutar para conseguir se formar. Entretanto, se o único objetivo for para autoglorificação, você deve se corrigir a tempo o suficiente para poder agradecer ao Eterno. Sentir-se grato é experimentar uma sensação incrível.

Para entender como o Eterno se sente com alguém que não tem gratidão, é preciso voltar ao primeiro livro da Torah, que fala da formação e criação do homem. Quando o Eterno se aventurou a criar o homem, dotou-o com algumas características singulares. Entre tantas outras, o Eterno formou o ser humano com sentimento do prazer.

Imagine que sendo pai, mãe, cônjuge, colega, homem ou mulher e que, quanto mais faz para uma pessoa, cada vez menos ela se importa com você e com o que faz, não agradece, não valoriza seus sentimentos, seus atos ou até mesmo despreza as coisas que lhe der. Como se sentiria? Será plenamente normal e aceitável que você se afaste dessa pessoa e até mesmo deixe de fazer alguma coisa a mais por ela, pois a atitude dela gera desconforto. Pouco a pouco, você deixará de se importar com ela como se importava antes.

No Judaísmo, não falamos que o Eterno tem vida, dizemos que Ele é a fonte de toda vida, por isso nos deu vida. Não dizemos que Ele possui amor, e sim que Ele é a fonte de amor. Ele, após formar o homem, dotou-o com características que eram apenas Dele. Assim o ser humano ama, pois tem um pouquinho do amor que o Eterno lhe deu. Se somos afetados pelo que outras pessoas fazem a nós, sabemos que os mundos superiores também são afetados pelas nossas ações. Se não gostamos de que as pessoas sejam indiferentes ao que fazemos a elas, imagine como o Eterno se sente quando nos fornece tudo o que precisamos e, mesmo assim, não separamos alguns momentos para agradecermos por tudo o que Ele já fez por nós. Lembramos que D'us está acima de qualquer sentimento humano. Apenas relatamos numa linguagem mais simples para que possamos entender os atributos divinos.

Qual a sua primeira lembrança como ser humano? Veja que houve algum momento em que você passou a ter plena consciência do seu papel no mundo sendo responsável por suas ações. Podemos dizer que foi a partir desse momento que você perdeu sua inocência. É claro que não vai conseguir se lembrar, mas imagine quantas vezes respirou, seu coração bateu, quantos processos de trocas de informações foram feitos entre seu cérebro e sua coluna vertebral permitindo que movimentos quase imperceptíveis fossem praticados por você. Imagine quanto trabalho deu para que minúsculas células se agrupassem para que um ferimento fosse fechado. Imagine que, se essas células não parassem de se reproduzir, em vez de uma cicatriz, você teria um excesso de pele que o deixaria com uma aparência estranha. Cada parte do seu corpo funcionou de maneira perfeita para que você chegasse aqui agora e se deparasse com esta parte do livro. Acha que conseguiria agradecer por cada benesse que o Eterno o fez?

Tente! Imagine tudo o que Ele fez para você no tempo antes de ter consciência de ser uma pessoa viva, no tempo em que era uma criancinha inocente, no tempo em que ainda estava no útero da sua mãe. Acha que seria capaz de agradecer por cada coisa mínima que o Eterno o fez?

O Eterno é fonte de amor. Mesmo sabendo que você e eu não somos capazes de agradecer por tudo o que Ele já fez, Ele continua fazendo coisas boas para a nossa vida. Agora que já sabemos que Ele fez e faz grandes coisas apenas para nos manter vivos e pelo fato dEle ser a fonte de todo amor, devemos olhar cada parte da nossa vida, cada momento vivido, cada bem que possuímos e agradecer. O Rei David estipulou uma regra que vigora até hoje: recitar cem bênçãos diárias para agradecer ao Eterno. Na história da ancestralidade dele, tem um fato importante. David era tataraneto de Ruth, uma mulher que se converteu ao judaísmo não para obter alguma espórtula, mas pelo fato de se sentir agradecida por fazer parte do povo judeu e assim cumprir os mandamentos da Torah. Devido a esse sentimento de gratidão, sairá dela o *Mashiach,* que reconstruirá o terceiro templo e restabelecerá o reinado davídico eterno.

Se olharmos para nosso passado, veremos que aquilo que pensávamos ser algo ruim foi o que nos trouxe até aqui. Claro que ainda contamos com a imensa misericórdia do Eterno. Com este livro, além de ensinar o que se deve fazer, também quero que você coloque em prática o que escrevo. Então, vamos a mais um exercício prático.

Pegue uma folha de papel, faça duas colunas e comece a escrever tudo o que passou na vida até este momento. Somente os principais eventos que possam melhor defini-lo. De um lado, uma coluna com eventos que julgar positivos; de outro, aqueles que julgar negativos. Ao escrever o que julgar como ruim, na mesma linha da outra coluna, escreva o que de bom surgiu daquele evento. Por exemplo, se seu carro estragou na hora que estava indo para uma entrevista de um emprego que há muito desejava, tente se lembrar do que aconteceu nos dias seguintes caso tivesse chegado para a entrevista a tempo. Aja com sinceridade e não oculte nenhum evento. Se for algo que possa causar algum embaraço, tenha cuidado para que outras pessoas não tenham acesso a essa folha de papel, ou então escreva em códigos esses itens que possam ser embaraçosos. Não tenha pressa. Se preciso for, dê uma pausa na leitura do livro, busque fundo na memória, gaste o tempo que for necessário.

    Agora que já escreveu, poderá constatar que existe um coordenador na sua vida, que esteve presente em cada momento gerenciando tudo para que você chegasse até aqui, neste exato momento em que está lendo este pequeno livro.

    Se não for capaz de ver o que de bom surgiu de cada situação que a princípio tinha visto como uma experiência negativa, deixe de lado esse item e passe para o seguinte. Com o tempo, perceberá.

O segredo da mentalidade judaica

Como pode ter visto nesse pequeno exercício, nem tudo foi um mal absoluto. Na realidade, o que parecia tão dorido tinha lá no fundo algo de bom, ou melhor, era algo bom, apenas a sua visão dos fatos foi que mudou.

Agora, mais um exercício. Pegue as duas listas e assuma um compromisso de que, durante os próximos dias dessa semana, toda manhã, agradecerá por tudo que passou. Não importa se não sentir firmeza no que estiver falando. Treine a sua mente a agradeça pelo que tem e por não precisar de determinadas coisas. Algumas pessoas esperam a oportunidade de um dia agradecer ao Eterno por terem saído do leito de um hospital. Você pode agradecer por não precisar disso, se estiver com a sua saúde em perfeito estado. Gaste tempo agradecendo. Em poucos dias, não precisará da lista. Na sua mente surgirão outros motivos para agradecer. Não se imponha limites. Se seu subconsciente traz lembranças para agradecer por coisas de que no passado você reclamou, agradeça.

Faça esse exercício por uma semana, toda manhã. Caso prefira, faça à noite ou ao meio-dia. Separe um momento do seu dia para isso. Procure um lugar que ninguém possa interrompê-lo.

Com o tempo, começará a agradecer sempre. O exercício proposto é para uma semana, porém pode praticá-lo por toda a vida, não há limites para ser grato. Garanto uma coisa: sua vida será transformada, não por alguém, mas por você mesmo. Será uma transformação para o bem.

Dica importante: não adianta separar o seu momento de gratidão pelo passado. O treinamento consiste em agradecer pelo que já passou e o trouxe até aqui, mas também deve ser treinado o agradecimento pelo presente. Ao longo do dia, não se esqueça de ficar ligado ao canal do agradecimento. Lembre-se de que o presente é tão curto que praticamente já é passado. Se no passado distante você enxergou como ruins eventos que hoje enxerga como benéficos, pode estar passando por momentos no presente que o irritam ou magoam profundamente, porém no futuro os verá como algo bom. Portanto, deve agradecer também pelo que está vivendo agora. Tudo que acontece no seu dia, ao sair de casa, é para o seu bem. Perdeu a hora e vai chegar atrasado? Agradeça. Está no trânsito parado? Agradeça. Tudo tem o tempo certo. Estressado com o trabalho? Agradeça. Afinal, você tem um trabalho. Brigou com um amigo? Agradeça. Pelo menos tem amigos para brigar. A esposa tirou-o do sério? Agradeça. Ela está com você. Filhos não ficam quietos para você poder assistir à televisão? Agradeça. É sinal que estão saudáveis e você não precisará ir ao hospital com eles nem gastar dinheiro com medicamentos. E, ainda, tem tempo para assistir à televisão.

Às vezes tudo parece pesado demais para nossas forças, entretanto, ao conseguirmos entender que tudo o que temos nos foi dado pelo Criador e é para o nosso bem, é o melhor presente que poderíamos receber, a gratidão fluirá como um rio que nasce nas montanhas e desce alegremente por entre as pedras em direção às planícies. Se ainda acha que pode alcançar mais do que já tem, primeiro seja grato pelo que possui e, com certeza, conseguirá obter as coisas que tanto almeja.

É bom chegar à noite em casa e ligar o ventilador ou o ar-condicionado em dias quentes, ou o aquecedor em dias frios. Todo aparelho elétrico está recebendo energia das redes de distribuição, as quais possuem um lado negativo e outro positivo. Apenas um lado não produz o efeito desejado. Se ligarmos um aparelho apenas ao fio positivo ou apenas ao fio negativo, nada acontecerá. A geladeira não vai gelar a água nem o micro-ondas esquentará a comida. Todavia, quando há equilíbrio entre as duas forças, o resultado é alcançado.

Pergunte-se: em qual dos lados você está conectado?

Lembre-se de que, se encostar seu dedo no fio negativo da rede elétrica, não sentirá nada. Isso significa que, se algo é inútil por ser negativo, então pode ser eliminado. No entanto, se encostar seu dedo no fio positivo, levará um choque. Isso significa que é algo ruim, porque coloca a vida das pessoas em risco.

Para as duas perguntas, a resposta é que, quando há o equilíbrio entre as duas forças, o resultado é o conforto que os aparelhos eletrônicos podem trazer. Ao final do dia, à beira da cama, agradeça. Teve um dia cheio de vida e repleto de experiências. Ao acordar, agradeça. Está começando um novo dia, cheio de vida, com muitas atividades e expectativas. Ao final do dia, avalie os resultados e agradeça.

Eu sei que isso pode parecer banal para alguns, mas não é isso que ensinamos aos nossos filhos: agradecer por tudo que recebem? Será que agimos conforme educamos nossos filhos? A melhor educação não está nos livros nem nas palavras, está no exemplo. Não adianta fazer o que diz aquela velha frase: faça o que eu digo e não faça o que eu faço. Na prática, o que acontece é que os filhos fazem o que veem os pais fazendo.

CAPÍTULO 8:

Tudo é para o bem. Como desenvolver humildade?

Dor Leon Attar

Temos uma ordenança na sagrada Torah que é de escolher entre o bem e o mal: *"Vês aqui, hoje te tenho proposto a vida e o bem, e a morte e o mal. Porquanto ordeno hoje que ames ao Senhor teu D'us, que andes nos seus caminhos e que guardes os seus mandamentos, os seus estatutos, os seus juízos, para que vivas, te multipliques e o Senhor teu D'us te abençoe na terra a qual entras a possuir. Se o teu coração te desviares e não quiseres dar ouvidos, e fores seduzido para te inclinares a outros deuses, e os servires. Então eu vos declaro hoje que, certamente, perecereis; não prolongareis os dias na terra a que vais, passando o Jordão, para que, entrando nela, a possuas. Os céus e a terra tomo hoje por testemunhas contra vós, de que te tenho proposto a vida e a morte, a bênção e a maldição; escolhe, pois, a vida, para que vivas, tu e a tua descendência. Amando ao Senhor teu D'us, dando ouvidos à sua voz, e achegando-te a ele; pois ele é a tua vida, e o prolongamento dos teus dias; para que fiques na terra que o Senhor jurou a teus pais, a Abraão, a Isaque, e a Jacó, que lhes havia de dar".*

O texto explica que o poder da escolha está em nossas mãos. A Torah não diz que somos obrigados a depositar nossa fé em D'us, que podemos escolher crer somente Nele, ou acreditarmos em outros deuses. Também fica claro que é melhor ter uma vida boa e próspera a uma vida miserável.

Sendo assim, podemos então concluir, com base na afirmação do texto da Torah, que existe um conceito do que é bom e do que é mau. Quem define o que é bom ou que é mau é exatamente o mesmo que criou o mundo e a nós, e nos informou que existe bem e mal. Por exemplo, podemos ver nas leis judaicas que alguém que transgride as leis de *shabat* tem sentença de morte. Todavia, quando alguém mata acidentalmente ou assassina, apenas tem que pagar uma multa. Aos nossos olhos limitados, isso pode parecer incoerência, pois tirar uma vida humana seria logicamente uma transgressão maior do que quem transgride *shabat*.

Isso é aos nossos olhos. Perante os olhos do Criador, a transgressão do *shabat*, sem um motivo que justifique a quebra do *shabat*, é uma transgressão pior do que homicídio.

Claro que não significa que a vida humana não tem valor para o Judaísmo; pelo contrário, a própria lei do Criador nos orienta que, se houver alguém que se encontra em risco de morte em pleno dia de *shabat*, não apenas podemos quebrar, mas devemos fazer o que for necessário para salvar a vida dessa pessoa. A pessoa salva poderá não só guardar outros dias de *shabat*, bem como muitas outras *mitsvot* (mandamentos da lei judaica).

Confuso? Só se você tentar se comparar ao Criador, ou melhor, da forma que Ele pensa com a maneira que nós, criaturas, pensamos. Como falamos nos capítulos anteriores, nós, seres limitados, só enxergamos uma parte bem pequena do plano divino. E como tais, limitados que somos, temos que procurar uma fonte que nos oriente. Qual seria a melhor fonte de orientação do que o próprio Criador? Imagine que vai comprar um novo aparelho celular, eletrodoméstico ou até um novo carro, todos virão acompanhados por um manual de instrução fornecido pelo fabricante. Até mesmo um leigo que ler as orientações do manual saberá operar ou consertar algumas falhas. Claro que o Maior Fabricante nos deu um manual de instrução para podermos operar a máquina chamada Criação. Nesse manual, ele colocou as definições do que é bom o que é mau. Basta somente ler o manual e seguir as instruções.

Se houver algo que você ainda não está enxergando como positivo, é pelo simples fato de ainda não ter compreendido a plenitude sobre esse assunto, como diz aquela frase: *"No final tudo dá certo, se ainda não deu certo é porque não é o fim"*.

Com isso, caminhamos para a parte mais importante deste capítulo, a peça que faltava para entendermos como podemos aceitar que tudo é para o nosso bem: ter humildade.

Humildade, no Judaísmo, não significa ser um coitadinho, ser alguém que sofre, ser uma pessoa abatida e desrespeitada que todos a humilham e, mesmo assim, aceita de bom grado toda a situação.

Com base nos ensinamentos da Torah, podemos ver um exemplo claro do que é ser uma pessoa humilde. A Torah nos fala que o próprio Moshe Rabeinu era o homem mais humilde que já existiu. Assim está escrito nela e vou frisar uma coisa importante: foi o próprio Moisés quem escreveu de si mesmo: *"Ora, o homem Moisés era muito humilde, ele era o mais humilde de todos os homens que havia sobre a face da Terra."*

Pense agora nessa situação: o Eterno testemunha que Moisés é o homem mais humilde na face da Terra. Vamos nos imaginar nessa situação? Às vezes, com tão pouco já nos sentimos orgulhosos, imagine o próprio Criador de tudo relatando isso a nosso respeito?

O fato é que Moisés não apenas recebeu esse elogio do Eterno, mas também ele mesmo escreveu isso a seu próprio respeito. Como pode ele dizer de si mesmo que é o homem mais humilde da Terra? Segundo nossos conceitos atuais, Moisés jamais poderia escrever tal coisa, pois caso o fizesse já seria visto como alguém orgulhoso de si mesmo e passaria a ser visto como alguém mais orgulhoso da Terra e não o mais humilde.

O que aconteceu? Estaria a Torah errada? Estaria o Eterno errado? Teria Moisés cometido esse equívoco?

O segredo da mentalidade judaica

Na Torah, não há nenhum erro. O Eterno jamais comete erros e Moisés não se equivocou. Todas as vezes que houver alguma passagem que aparentemente se contradiz na Torah, é hora de pararmos e entendermos que precisamos nos debruçar melhor sobre o tema e buscar entendê-lo de outra maneira, pois sendo a Torah um livro ditado palavra por palavra pelo Eterno a Moisés, jamais poderá ser encontrado um minúsculo erro sequer. Se fosse possível e não é, seria o fim do Judaísmo. Porém, sabemos que o Judaísmo, o povo de Israel e a Torah são eternos.

De acordo com o pensamento judaico positivo, ter humildade é saber das suas qualidades, saber quem é você de verdade, seu valor e não se achar melhor do que as outras pessoas. Não é se sentir melhor por ser uma pessoa carismática, inteligente, bonita, de sucesso, não é pelo fato de ser um profissional bem-sucedido em sua área que é melhor do que alguém que talvez não seja tão inteligente quanto você, tão bonito ou de sucesso profissional e social, até pelo fato uno de que cada um tem missão específica, cada um tem qualidades que são especiais só para ele.

Ter humildade é saber que você, sendo uma criatura na semelhança do Eterno, tem tudo que precisa para ser tudo que pode. Todavia, isso não lhe dá direito a se tornar uma pessoa orgulhosa. Ser orgulhoso por ter algumas qualidades é um contrassenso; na verdade, tudo o que você recebeu é por um motivo claro, servir a uma missão maior. Então, orgulhar-se por ter essas ou aquelas qualidades é o mesmo que se orgulhar por ter recebido as ferramentas para completar uma missão e fracassar por ter ficado feliz com as ferramentas e deixado a missão de lado. Na realidade, alguém que age assim está na verdade falhando em sua missão.

Quando alguém nasce, possui algumas qualidades que, com o desenvolvimento natural da pessoa, aparecem e se tornam parte da personalidade dela. Ainda quando pequenas, pode ser observado que algumas crianças são mais altruístas; outras, mais curiosas, criativas ou amáveis. São variadas personalidades em crianças que tiveram a mesma criação.

Quando a pessoa tem ciência do seu papel no mundo, é hora de começar a entender o meio a sua volta e buscar a realização da sua missão. É nesse momento que alguns se

O segredo da mentalidade judaica

perdem e começam a se orgulhar das ferramentas que receberam para a missão e a maioria falha. Se o general que o enviou para essa missão muniu-o com tudo o que é necessário para que seja bem-sucedida, é óbvio que ele o colocou no lugar certo, na hora certa e com as ferramentas corretas para que tanto você quanto as pessoas a sua volta sejam beneficiadas pelos seus talentos naturais. Tudo bem se você não for um gênio da ciência, ou um grande cantor, talvez saiba fazer uns bolinhos de chuva que trarão mais felicidade para os que estão perto de você do que se recebessem um convite para jantar com a rainha da Inglaterra. Portanto, veja em que pode trazer mais alegria ao mundo. Moisés foi o primeiro redentor do povo judeu. Em nossos dias, receberemos a revelação de *Mashiach*. Somos a última geração do exílio e a primeira da redenção.

Para sermos merecedores da era messiânica, cada um tem que fazer a sua parte. *Mashiach* não será uma pessoa que aparecerá e fará grande mudança no mundo e no interior das pessoas. Esse não é um pensamento judaico. Cada um deve fazer a sua parte, utilizar seus talentos recebidos e utilizá-los em prol do outro. Ter humildade não é pensar menos de você, é pensar menos em você.

Ser uma pessoa humilde é saber das suas qualidades e as usar para o bem, jamais usá-las para ofender alguém nem para se sentir superior ou um ser iluminado. É ter consciência do seu papel, das suas possibilidades e de suas limitações, sem se sentir mal pelas suas limitações ou superior pelas suas qualidades.

Podemos concluir que, se tudo que você recebeu e recebe a cada momento é graças ao Eterno e é para cumprir uma missão que lhe foi confiada, seus talentos devem ser usados para as pessoas, não devendo se isolar do mundo.

CAPÍTULO 9:

Ser bom não significa ser bobo

Ter consciência do seu lugar no mundo, imitar o Criador e saber aonde quer chegar

Neste capítulo, trataremos de um tema que talvez seja o mais difícil para uma pessoa entender e aceitar nos tempos *hodiernos*. Assistimos a muitos questionamentos de pessoas sinceras e de bom coração com dúvidas sobre continuar praticando o bem. Infelizmente, elas sofreram decepções por atitudes praticadas por aqueles que ajudaram no passado. Claro que é uma situação dolorosa e é normal que venham a questionar-se se devem agir diferente ou continuar agindo com bondade e acabar sofrendo ainda mais decepções. O que a mentalidade judaica positiva diz a esse respeito? Ser bom é ser bobo?

A Torah é clara quando diz que devemos amar o próximo como a nós mesmos. Contudo, se a pessoa está agindo de maneira que seja benéfica ao outro e prejudicial a si, está atuando contra as palavras da Torah. Os nossos comportamentos normalmente são baseados em estímulos-respostas, um exemplo é que conseguirmos adquirir algum bem depois de trabalharmos bastante. Sentimo-nos satisfeitos e, provavelmente, repetiremos esse comportamento adiante. Caso o resultado não seja benéfico, é provável que não repitamos o comportamento.

Esse não é um pensamento de acordo a mentalidade judaica positiva, pois o maior sofrimento das pessoas hoje é o sentimento de frustração por não terem recebido algo que pensavam que mereciam. Se formos observar bem, esse tipo de sofrimento vem em primeiro lugar pelo orgulho, pois acham que não deveriam receber algo que não lhes agrade. Esse tipo de orgulho pode ser por elas se acharem superiores e não merecerem algo que pode ser interpretado como negativo, ou por não se acharem dignas o suficiente para receberem algo bom.

Se pensarmos que merecemos algo, por termos feito alguma coisa, ou pior, que merecemos receber em seguida uma recompensa pelo ato praticado, nesse momento teremos deixado de lado todos os ensinamentos dos capítulos anteriores. Então, não entendemos a maneira como D'us age conosco e como deveríamos agir no dia a dia com nossos semelhantes.

Existe uma força divina superior que tem a função única e infinita de dar, ou melhor, isto é, a vontade do Criador, beneficiar as suas criaturas de uma maneira infinita e sem distinção. Como seres humanos, somos dotados com a vontade infinita de receber, porém cabe a nós desenvolvermos nosso potencial de criador que, na realidade, foi implantado em cada um de nós. Devido às nossas limitações físicas, esses atributos estão ocultos, mas podemos trazer à tona com um trabalho mental correto.

Temos duas forças interiores. Uma é a força de receber para dar e, a segunda, é de dar para receber. A força de receber para dar é a mais correta de acordo a mentalidade judaica positiva, pois a pessoa que age assim tem a capacidade de servir como um canal da luz divina e apenas transfere aos demais o que recebe do Eterno. Já a força de dar para receber não está de acordo com a mentalidade judaica positiva, pois essa maneira de pensar leva a pessoa ao nível de apenas receber para receber. Ela se coloca em uma posição de receber do Eterno e tem a intenção de fazer o bem, porém se a intenção de fazer o bem tem pano de fundo receber algo em troca, ela está agindo por motivos egoístas.

Com algumas experiências decepcionantes, é normal que algumas pessoas venham a pensar que talvez estejam sofrendo devido ao fato de terem sido boazinhas demais; outras se fecham para impedir que isso volte a acontecer, para não serem enganadas diversas vezes sem aprender a lição. Será que as pessoas vão tirar proveito por eu ser bom? Ou será que devo me fechar impedindo que venham a me machucar novamente? Devo deixar que cada um se vire como puder ou devo continuar fazendo o bem?

Nós temos uma ordem divina clara que é fazer o bem para as pessoas, mas também temos a obrigação de sermos bons perante o Eterno. O que nós, seres humanos limitados, não temos como entender é o que de fato é o bem e o mal de acordo com o pensamento do Eterno, como relata o profeta Isaías: *"Porque os meus pensamentos não são os vossos pensamentos, nem os vossos caminhos os meus caminhos, diz o Senhor"* (Isaías 55:9).

Aquilo que o Eterno definiu como bem é o bem completo e verdadeiro, ao passo que aquilo ele definiu como mal, é o mal absoluto. Quando escolhemos fazer o bem, o bem verdadeiro de acordo com a lei do Eterno, não pode ser algo negativo. Quando acontece algo mal/negativo, de acordo com nossos conceitos, também não significa que é algo mal de verdade. Por exemplo, gostaríamos de ganhar na Megasena. Será que isso seria algo para nosso bem ou nosso mal? Os sábios ensinam que o teste do rico é mais difícil que o teste do pobre: *"... E digas no teu coração: A minha força, e a fortaleza da minha mão, me adquiriu este poder. Antes te lembrarás do Senhor teu Deus, que ele é o que te dá força para adquirires riqueza; para confirmar a sua aliança, que jurou a teus pais, como se vê neste dia." (Deu' 8:17)*. Quando temos prosperidade, nossa tendência natural é pensar que agora não precisamos mais de ajuda divina. A ilusão trazida pelo dinheiro faz com que pensemos que não dependemos mais de nada nem de ninguém. Por outro

O segredo da mentalidade judaica

lado, uma pessoa pobre, que não tem muitas opções de escolha na vida, pode ter desejos, mas não tem os meios para realizar. De certa forma, o pobre tem seu campo de opção limitado em relação ao de uma pessoa rica.

Apesar da generalização, o fato é que o teste do pobre é mais fácil do que do rico, porém é também a sua missão. O eterno coloca a riqueza nas mãos do homem para que cumpra mais coisas boas. A missão dele é fazer o bem a si e às pessoas ao seu alcance. Mas será que realmente consegue realizar essa tarefa ou será que o sentimento de poder fará com que fique indiferente para com os demais? O Eterno quer que sejamos ricos, sem perdermos a mentalidade correta, mantendo-nos firmes na nossa missão. Então, ganhar na Megasena, mesmo sendo algo positivo, pode atrapalhar nossa evolução espiritual, se não estivermos com a mentalidade correta.

Portanto, seja dono da sua mentalidade. Tenha confiança no caminho o qual escolheu e aja de acordo com os ensinamentos do Eterno. A dúvida é um câncer que você pode até ignorar por algum tempo, mas continuará crescendo até o ponto em que não será mais reversível. A Fé, remédio para a dor, serve apenas para ajudar a ignorar a doença, não traz a cura. Questionar, pesquisar, fazer as perguntas certas para as pessoas certas, essa é a cura.

CAPÍTULO 10:

Plano de ação

Como agir no dia a dia

Nos livros que li sobre crescimento pessoal e autoajuda, antes de escrever esta obra, encontrei algo comum: todos falam coisas realmente verdadeiras e que de fato ajudarão as pessoas. Estamos repletos de frases fortes que mexem com a maneira de pensar do leitor e levantam o ânimo e a autoestima da pessoa.

Percebi também que outro padrão se repetiu em todos esses livros: um plano de ação. Os livros foram elaborados com o propósito de melhorar o pensamento das pessoas. Com a leitura, entendia o que a pessoa deveria pensar, o que falar em frente ao espelho toda manhã, o que falar para os colegas no trabalho, em casa ou no clube. Porém, vamos ser sinceros: todos os livros que tratam a respeito de crescimento pessoal são bons, realmente podem ajudar muitas pessoas em todo o mundo até certo ponto. Os efeitos das práticas são paliativos, falta um PLANO DE AÇÃO para ajudar a pessoa não apenas mudar na maneira de ver o mundo a sua volta, mas também que a ensine a resetar a sua maneira de viver atual e passar a existir de outra maneira, sem precisar mais de livros de autoajuda.

O que pretendo é propor é uma mudança não apenas no falar, pensar e agir, mas também apresentar um treino para que a pessoa mude cada parte do corpo e da sua mente, transformando-se em uma nova pessoa, com nova mentalidade, com nova maneira de agir frente às diversas situações.

Imagine alguém que deseje perder dez quilos. De nada adiantará ir à frente do espelho e dizer que está dez quilos mais magro. É necessário fazer uma dieta, exercício físico, sair do processo repetitivo de falar de um jeito e agir de outro. Mesmo que a pessoa fique duas horas por dia em frente ao espelho repetindo que está mais magra, mais forte, ou que já sabe toda a matéria que vai cair na prova, se não se conscientizar de que realmente precisa estudar para o concurso, precisa de fato começar a praticar algum exercício físico para fortalecer os músculos e que terá que praticar uma ação física de comer alimentos que vão ajudá-la no controle do peso, não adiantará.

Como vivemos em um mundo físico, temos que agir de maneira física para que a ação se torne um comportamento e esse comportamento se torne parte de um processo cognitivo. Só assim, depois de fazer meia hora de caminhada, depois de ter estudado para a prova ou de ter feito uma hora de academia, a pessoa que quer perder peso poderá ir à frente do espelho e falar aquelas palavras positivas que os livros ensinaram.

Plano de ação é o que faço desde quando acordo de manhã até o momento em que vou dormir. Não estou falando de tarefas do trabalho apenas, que são importantes, pois delas é que ganhamos dinheiro para nosso sustento. Ter um plano de ação é fazer nossas tarefas tendo intenção clara e objetiva, é o que chamamos de *Hitbonenut*.

Estamos falando sobre ter consciência sobre todas as ações por menores e insignificantes que possam parecer. Porém, são essas pequenas mudanças que praticamos ao longo

O segredo da mentalidade judaica

do dia que provocarão transformação significativa em nossa mentalidade e em nossa vida. Então, planos de ação funcionam assim:

1. Acordou? Agradeça. Viva agradecendo por tudo que você passar ao longo do dia. Agradeça por sua cama, sua saúde, sua casa, seu café da manhã, sua família, seu trabalho. Sente-se e olhe a lista de que falamos. (Ainda não a fez? Agora é a hora de a fazer.). Isso é a primeira coisa que tem que fazer no plano de ação.

2. Faça uma boa ação para alguém. Um simples ato como *falar b*om-dia ou dar sorriso para um vizinho. Lembre-se: o foco é não passar o dia sem fazer algo de bom para outra pessoa. Isso criará uma espécie de bola de neve, pois cada boa ação praticada para alguém, consequentemente, trará boas coisas para sua vida.

3. Jamais coma sozinho. Quando for se alimentar, procure estar com amigos ou com alguém da sua família, em pelo menos uma das refeições diárias.

4. Alimente-se adequadamente. Seu corpo vai agradecer.

5. Pratique atividades físicas. O Maimônides (grande sábio e médico judeu Rabi Moshe Be*n Maimon) diz: "Alma saudável em corpo saudável. Não adianta ter uma alma elevada se o corpo não presta. Não precisa de muito, nem gastar muito. Pare de subir de elevador, ande mais, passeie mais. Sorria mais (também queima calorias)".*

6. Leia mais. Pelo menos, 10 minutos por dia de um livro de informação, não esses romances baratos, não jornais cheios de veneno mental, nem livros de fantasias. Mas um livro que aumentará seu conhecimento, na Torah ou e*m Ciência*s.

7. Fale eu te amo para uma pessoa pelo menos uma vez por dia, e todo dia. Todos nós temos alguém que amamos ou que nos quer bem. Então, demonstre sentimento.

8. Fale com o Eterno. Marque um horário que vá se dedicar para falar com nosso Pai. Não estamos falando rezar ou orar, e sim de conversar com Ele de maneira informal. Fale com Ele como um filho fala com o seu pai. Use suas palavras, exponha emoções, não fique apegado a dogmas de livros que falam como se deve falar com Ele.

9. Agradeça. E agradeça de novo. Nunca é demais agradecer por tudo que aconteceu até agora no seu dia.

10. Durma bem. Lembre-se: libere o passado e confie o futuro nas mãos do Eterno. Agradeça pelo dia que passou, coloque a cabeça no travesseiro e durma bem.

Seja criativo na sua relação com o Eterno. Acrescente algo a mais que seja pessoal da sua parte. Se tem mais coisas que queira fazer, faça. Não espere alguém falar para você fazer algo ou espere que alguém faça algo para você.

Na segunda parte do livro, acrescentarei mais dicas práticas para colocar a sua mentalidade em ação.

Pode parecer repetido, mas a repetição leva à perfeição.

Pensou que eu ia deixá-lo somente com isso? Claro que não! Quero convidá-lo a ler a segunda parte, na qual juntei várias dicas de experiências. Tenho certeza de que serão de valor imenso para sua mentalidade e para sua vida.

CAPÍTULO 11:

Responsabilidade

Dor Leon Attar

Como criar uma vida de valor ou dar valor à vida?
Como alcançar nossos objetivos?
Nos 10 mandamentos está escrito: *"Pois Eu sou o Eterno, teu Deus, Deus zeloso, que cobro a Iniquidade dos pais nos filhos, sobre terceiras e sobre quartas gerações aos que Me aborrecem"*. (Êxodos 20 v5). Ao contrário do que muitos pensam, um pode pagar pelos pecados dos outros. Isso é correto se não pensamos como judeus ou não conhecemos o Judaísmo.

A palavra *iniquidade* pode se referir a uma transgressão, mas também pode se referir à responsabilidade. Imagine uma pessoa fazendo algo bom ou ruim. Qualquer ação tem reação, positiva ou negativa. E essa reação influenciará todos que estão ao redor.

O segredo da mentalidade judaica

Tudo que fazemos terá consequências, que afetarão muitas pessoas. Por exemplo, um assassino. Ele transgrediu a lei do país e a lei divina, portanto terá que responder pelo seu crime. E os parentes da vítima? Estão sofrendo ou não? Estão com dor ou não? Não parece para eles que o mundo acabou? Que culpa eles têm? Nossos sábios nos ensinam que o culpado que transgrediu a lei responderá sim, porém quem está ao redor verá ou experimentará das consequências do caso, mesmo quem não transgrediu ou não participou.

Outro exemplo seria em um acidente de carro, incêndio ou qualquer desastre que acontece. Não somos livres das consequências, independentemente de quem somos. A nossa vida vai além da escolha, porque temos consciência das nossas escolhas.

Para criar uma vida valiosa, uma vida de exemplo, o que temos que fazer, além de fazermos as escolhas certas, é ter responsabilidade com as consciências dessas escolhas, por bem e por mal. Claro que todos querem ser parabenizados quando têm sucesso e alcançam algum objetivo. Ninguém quer enfrentar o fracasso ou a destraça. A verdade é que nossa vida tem momentos de alegria e de sucesso, e também de destraça. O segredo é transformar esses momentos de desgraça em uma vida de sucesso. Os maiores exemplos de sucesso que temos no mundo não são de pessoas que deram certo, sempre conseguiram vencer, mas são aquelas histórias em que elas estavam no fundo do poço, tomaram uma atitude e viraram a situação. Essa atitude chama-se RESPONSABILIDADE.

Responsabilidade é o que cria caráter. Imagine você andando na rua e, de repente, ouve um cachorro latindo e correndo em sua direção. A primeira coisa que fará é começar a correr. Entretanto, a coisa correta a fazer é parar de fugir e correr na direção do cão. Só então perceberá que o medo fez com que criasse uma imagem maior, e até mais feroz, do que realmente é.

Sejamos responsáveis por nossos atos, verdadeiros e corajosos para enfrentar o que temos que enfrentar e atingir uma vida de qualidade, sem estresse e preocupações. A responsabilidade é nosso dever com todos aqueles que estão a nosso redor.

Com esse tom meio pesado, se entendemos que nossos atos têm consciência e temos que nos responsabilizar por tais, que tal começar a fazer mais boas ações? Não será melhor se responsabilizar para as boas consciências que são frutos das nossas boas ações? Não será melhor você ser reconhecido por suas boas ações do que pelas más?

A verdade é que, quando erramos e nos responsabilizamos por tais erros, faremos o que precisa ser feito para consertar. Uma boa ação gerará bons frutos no futuro.

Então, pare de ter medo do cão que corre atrás de você. Enfrente suas dificuldades e a vida como tem que ser enfrentada.

CAPÍTULO 12:

Como resolver meus problemas?

Dor Leon Attar

A Torah nos ensina que, ao chegarmos a este mundo, o Eterno nos dá a oportunidade de escolha entre bem e o mal, tal como está escrito em Deuteronômio: *"Vês aqui hoje te têm proposto a vida e o bem, a morte e o mal." (Deuteronômio 30:15)*. *"Os céus e a terra tomo hoje por testemunhas contra vós, de que te tenho proposto a vida e a morte, a bênção e a maldição; escolhe, pois, a vida, para que vivas, tu e a tua descendência." (Deuteronômio 30:19)*

A história que todos conhecem do famoso primeiro trio: Adão, Eva, a Serpente e uma escolha. O resultado foi o meio que o ser humano tem para se aproximar ou voltar ao Eterno, não é punição, mas o caminho de volta para casa, para nossa origem, nosso princípio. Adão recebeu a "punição" de trabalhar a terra para ter sustento: *"Do suor de teu rosto comerás o pão, até que te tornes terra; porque dela foste tomado; por tanto és pó e ao pó tornarás"*. *(Gênesis 3:19)*. Eva teve filhos com dor e dependeu do marido, emocionalmente: *"Multiplicarei grandemente a tua dor, e da tua concepção; com dor darás à luz filhos; e o teu desejo será para o teu marido, e ele te dominará"*. *(Gênesis 3:16)*. A serpente aprendeu a andar de barriga e a comer o pó da terra. Então, o Senhor disse à serpente: *"Porquanto fizeste isto, maldita serás mais que toda a fera, e mais que todos os animais do campo; sobre o teu ventre andarás, e pó comerás todos os dias da tua vida"*. *(Gênesis 3:14)*

Será que a serpente, que causou todo esse tumulto, terá o melhor fim de todos? Por qual motivo? Por onde quer que vá, de barriga no chão, na terra, comerá o pó. Se é gostoso ou não, é questão de gosto, mas nunca faltará comida, nunca passará fome. Independentemente de onde ande terá como viver. E o homem, a criação das próprias mãos do Eterno? Eva, a mulher da criação que completa o homem? Por que os dois seres tão elevados, ao cometerem um erro, deveriam sofrer mais do que aquele que os conduziu?

Ao analisarmos essas perguntas, entenderemos como lidar com todas as dificuldades da vida, para compreender o que aconteceu nessa história, não muito bem contada ao longo dos tempos. Primeiramente, temos de entender alguns conceitos judaicos, como, por exemplo, o "pecado", um termo que não existe em hebraico. O termo correto de tradução é a palavra "*chet/ret*" (חטא), que seria errar o alvo".

Quando você mira no alvo e tenta acertar, mas erra isso se chama "*chet/ret*" (חטא)". Sendo um erro, temos dois pontos importantes a observar. Primeiramente, as consequências dos nossos erros, em sequência, o meio para consertá-los. Toda ação, positiva ou negativa, possui uma força contrária. Na Física, esse fenômeno é chamado de ação e reação. No oriente, é chamado de *karma* ou roda da vida. No mundo ocidental, pelo mal-entendido, é chamado pecado ou punição.

Quando entendermos a necessidade de tomar a responsabilidade dos nossos atos e ações, por bem ou por mal, deveremos lidar com o que virá até nós. Mas, infelizmente, essa não é a realidade, pois ficamos correndo e negando as consequências dessas ações. Se não as resolvermos, parecerão cada vez maiores, piorarão com o tempo e ficaremos correndo cada vez mais rápido, sem obtermos a solução.

REVELAÇÃO:
Se você não faz alguma coisa a favor da solução, ninguém resolverá a sua vida. Ninguém aparecerá salvando-o de suas dificuldades.

170 As dificuldades que encontramos na vida são as mesmas em qualquer época, o que muda é a nossa visão sobre elas. Como no exemplo do cachorro que corria latindo, se a pessoa fugir sem olhar para trás não saberá o tamanho nem a extensão do perigo, porém se parar e enfrentar o cachorro, talvez nem seja tão assustador assim.

Quando eu era recém-chegado à cidade de São Paulo, andava de ônibus e voltava a pé, à noite, por uma rua principal, que estava sempre vazia pelo horário. Toda noite via um mendigo, que ficava deitado na calçada com dois cachorros ao seu lado protegendo-o. Sempre que eu passava, os cachorros corriam atrás de mim latindo. Nunca me intimidei. Apenas acelerava mais o passo para me afastar mais rápido. Eu sabia que a intenção dos cachorros não era de me morder, mas de proteger o dono.

O tempo foi passando até que uma noite andei pelo mesmo lugar, dizendo a mim mesmo: "Eu vou estar preparado". Quando ouvi os cachorros começando a latir e correndo em minha direção, parei, virei e, com coração batendo forte, comecei a correr na direção deles, gritando: — HAAAAAAAAAA. Um dos cachorros, que era branco, ficou tão confuso que não sabia se ficava parado ou corria. Até que decidiu fugir. O outro o seguiu.

Na noite seguinte, os cachorros não fizeram barulho, nem sequer um único ruído pequeno de latido. Quando paramos e olhamos a situação, pensamos com calma e racionalmente, os grandes problemas viram pequenas dificuldades fáceis de resolver.

Como respirar fundo diante das dificuldades?

No do jardim do Éden, o Eterno não puniu primeiro Adão e Eva, mas sim a serpente. Para Adão, o Eterno disse que teria de trabalhar pelo seu sustento, teria que se esforçar para consegui-lo, construir uma vida. Para

Eva, Ele falou que teria de ter filhos com mais dor do que o planejado, que seria dependente do homem e educaria os filhos a lidar com a serpente (má inclinação).

Parece que existe punição, porém a verdade é outra. Quando enfrentamos as dificuldades na vida, aproximamo-nos do Eterno.

Adão, a alma completa da humanidade, é o erro em nós. Somos parte dessa alma completa, temos meios para consertar tudo isso. Enfrentamos o mundo, trabalhamos, plantamos, colhemos, planejamos, executamos, suamos, sangramos, lutamos contra a má inclinação e nos lembramos de onde viemos e para onde voltaremos.

E a serpente, recebeu a "bênção" de comer o pó da terra?

Os sábios explicam que a serpente, ao andar em cima da barriga, não pode nem tem como levantar a cabeça, realmente come pó. Pode ser até que goste, mas nunca terá problema de fome. Para onde quer que vá, terá comida. Então, qual é a sua punição verdadeira? NUNCA PRECISARÁ PEDIR NADA AO ETERNO.

O Eterno falou para a serpente que comeria o pó, que onde fosse teria sustento, mas não poderia pedir mais nada. Existe algo pior do que isso?

CAPÍTULO 13:

7 dicas para sair do campo das ideias e alcançar seus objetivos

Dor Leon Attar

Cerca de 90% das pessoas que finalizarão este livro, possivelmente o deixarão de lado e irão para outro, que talvez ofereça uma fórmula mágica para transformar a vida. Na verdade, NÃO EXISTE NENHUMA FÓRMULA MÁGICA, além de arregaçar as mangas e entrar em ação.

Não podemos nos igualar a essa percentagem de pessoas que sempre diz querer mudar, decide mudar, mas, depois que passa o efeito motivacional (falso), passa também a sua determinação.

Quando você lê muitos livros de motivação, corre o risco de ficar motivado, sem saber o que fazer com toda a informação que recebeu. Chamo isso de "burro motivado" e não quero que mais pessoas se sintam assim.

O segredo da mentalidade judaica

Por isso, separei mais sete dicas que ajudarão a sair da fase da motivação e partir para a ação. Aprenda a seguir adiante, colocar as metas no papel e realizar os objetivos definidos.

1. Defina bem o que você quer

A maioria das pessoas sabe muito bem o que não quer em sua vida, mas não tem a menor ideia do que quer.

Com certeza, você sabe o que o faz infeliz, o que o faz sofrer, o que o deixa regredir todos os anos, porém o que realmente quer e precisa, isso poucos sabem.

Em vez de falar "não quero ser mais pobre", decida ser próspero. Troque as palavras negativas por positivas, mentalize e verbalize o que quer alcançar. Nunca é tarde: sente-se, pegue uma caneta e papel. Escreva o que quer realizar em 2020, não na forma negativa, e sim de forma positiva.

2. Defina data e prazo para seus objetivos

Um grande mentor me ensinou que a diferença entre um sonho e um objetivo é a data. Enquanto o objetivo não tiver uma data definida, não passa de um desejo do coração. Todavia, ao colocar uma data, o sonho se transforma em meta.

Uma observação importante a ser feita: coloque datas e prazos reais, de forma que seja possível trabalhar e agir corretamente com um plano definido para alcançar a sua meta.

3. Crie um plano de ação

Um burro que carrega livros ainda é um burro, independentemente da quantidade ou do assunto sobre o qual tratam essas leituras, porque a função dele é apenas carregar.

A diferença entre nós e ele é que podemos aplicar o que aprendemos. Se não aplicarmos o que aprendemos, em que somos diferentes do burro? É necessário criar um plano de ação que defina o que precisa ser feito para alcançar a sua meta.

4. Procure um mentor

No meu livro *"O segredo da prosperidade judaica"*, friso que ninguém alcança o sucesso sozinho. Além de procurar parcerias e se juntar a quem tem os mesmos objetivos, invista em um mentor que mostrará o caminho para você alcançar suas metas. Um mentor é aquele em quem você se inspira. Eu, por exemplo, tenho vários mentores, um para cada área em que preciso evoluir.

Um mentor vale anos de sofrimento e batalhas. Por mais que seja necessário um investimento financeiro, será benéfico para seu sucesso do que simplesmente investir em qualquer outra coisa no seu negócio.

5. Comece a agir

Não espere o dia em que tudo ficará 100%, não espere o momento certo – que por sinal nunca chega –, não espere alguém o lançar ou lhe dar oportunidade. Comece a agir.

Há uma frase conhecida: "*toda grande jornada começa com um passo*". Ou seja, não espere as coisas darem certo, aja e faça com que aconteçam, pois ninguém fará isso por você.

Ninguém se importará em dar-lhe uma oportunidade, porque ninguém se importa com seus sonhos mais do que você. O segredo para alcançar seus objetivos é a ação. Comece já!

6. Agradeça

No caminho para o sucesso, haverá subidas e descidas, vitórias e fracassos. Aprenda a agradecer por cada momento em que está agindo e seguindo em frente. O agradecimento é a forma de recolher as pedras do caminho, com as quais você fará um castelo um dia.

Não estou falando para aprender a agradecer, já que nossas mães nos ensinaram quando éramos crianças: "Meu filho, agradeça!", "Meu filho, o que se diz quando recebe algo?". Então, aplique.

Como escrevi no meu livro *"O segredo da prosperidade judaica"*: "a gratidão é a chave que abre todas as portas".

7. Plano A. B. C.

Agora, a sétima dica! Pelo amor do bom D'us e de tudo que você quer conquistar na sua vida, aplique as dicas que lhe dei, coloque em ação, comece a agir e seguir em frente, agradeça por cada momento e viva a vida que você quer viver e merece ter.

Para finalizar, o que significa "Plano ABC"?

Isso é simples: Arranque a Bunda da Cadeira!

CAPÍTULO 14:

Um brinde de alegria para você!

Muitas pessoas me perguntam como se manter alegre, de onde busco a alegria que tenho e de onde consigo manter a minha atitude positiva.

Num mundo evoluído, com tanta abundância, avanços tecnológicos e maior riqueza que já existiu, liberdade, certeza de futuro e segurança, ainda nos deparamos com a epidemia de uma doença resultada de um desequilíbrio químico que é, na verdade, causada por um evento emocional negativo e de raiva contra si mesmo, a depressão.

Não existe pessoa alegre com depressão e não existe alguém com depressão alegre. Como falei no meu livro *best-seller* "*O segredo da prosperidade judaica*", qualquer manifestação física/fisiológica é mero sintoma e não a doença em si. Portanto, ao tratarmos as fontes que causaram os sintomas, alcançamos a cura verdadeira.

Uma das curas mais eficazes que já apliquei com muitas pessoas para a depressão é a ALEGRIA. Por isso, quero dar seis dicas simples e práticas para você ser alegre todo dia.

Tudo começa com você

Imagino que você escutou isso muitas vezes: "*Se tudo mundo fala, deve ser verdade*". Para ser feliz, o primeiro passo tem que ser com você. Precisa primeiro entender que sua felicidade é um estado mental e deve se colocar nele.

Drogas, bebidas, comida, sexo, tudo isso oferece um momento de felicidade, porque é finito. Por isso, entenda e assimile que seu estado de felicidade vem de um equilíbrio químico no seu cérebro e que faz seu cérebro produzir serotonina. Você sabia que o mesmo é produzido no seu cérebro quando se recorda de uma lembrança que o fez feliz ou assiste a um vídeo que o faz rir ou mesmo quando sorri sem motivo qualquer. Não acredita? Então, sorria! Sorria agora mesmo, só para perceber como muda seu estado mental. Veja que será difícil parar de sorrir. Use essa dica nos dias difíceis, em que parece que nada dá certo. Comece a sorrir. A resposta está dentro de você, ou melhor, está em seu rosto.

Ame a si mesmo!
Conhece o versículo bíblico: *"Ame o próximo como a ti mesmo"*? Então, como você pode amar o próximo como a si mesmo enquanto não ama a si mesmo? A grande pergunta é: por que você não se ama? Muitas pessoas não se amam, por isso procuram uma validação exterior, em forma de drogas, bebidas, agradar aos outros e até fazer coisas vergonhosas achando que isso trará o amor dos outros a elas. Na verdade, o que falta em suas vidas é amor próprio.

Buscar no externo o que não encontra em si mesmo é criar vícios infindos e destrutivos. A busca gera raiva, falta de autoaceitação, depressão. A raiva é igual a outras drogas, detona sua vida. Ela surge somente por seu subconsciente não estar de acordo com sua atitude. A sua alma sabe a verdade, mas não tem como expelir a raiva. Ela toma proporções enormes, o que gera a depressão. Portanto, ame-se como se sua vida dependesse disso. Na verdade, sua vida depende disso.

Como posso me amar? Como posso fazer isso?

Ame incondicionalmente, não precisa de motivos. Se você não se amar, ninguém o amará. Cuide de você. Ame-se independentemente do que fez, faz ou fará.

Você brigou com seu cônjuge ou ficou bravo com os filhos? Quanto tempo isso demorou: anos, meses, semanas, dias ou uns minutos? Seja realista. Você não fica bravo e com raiva de ninguém por tanto tempo como fica com raiva de si mesmo. Não é verdade?

Tem alguém mais importante do que você? Não. Se você não está bem, não tem como cuidar dos outros. Então, ame-se! Ninguém merece mais do que você.

Não crie expectativas, crie metas!

Uma das maiores frustrações que temos na vida é nos desapontarmos com alguma coisa que esperamos que aconteceria e não aconteceu, ou acreditarmos em pessoas que pensamos que se comportariam de uma forma, agiram de outra e sua atitude não nos agradou. Ao longo dos anos, isso acumula uma bagagem emocional negativa que leva à morte emocional, espiritual e, consequentemente, física.

Na vida, não podemos esperar que um pé de limão dê laranjas. Você pode rezar, acreditar, mentalizar, fazer cursos de PNL ou de hipnose. Os fatos não vão mudar. Pessoas também não mudam. Se achar que o fato de agradar aos outros fará você se sentir melhor, ledo engano. As pessoas não mudarão porque assim deseja. Por isso, é tão importante criar metas na sua vida e ter metas para seus sonhos.

Quando você cria e define metas, tem uma coisa chamada senso de propósito, ou seja, tem um propósito, um motivo para sair da cama, ânimo para acordar e vontade para viver.

No meu livro *"O segredo da prosperidade Judaica"*, no capítulo *"Triângulo da prosperidade"*, mostro um triângulo, cuja base é o propósito da vida, ou melhor, mostro que, ao ter um propósito de vida, a vida terá um propósito. Portanto, quando você define metas claras, a depressão não tem espaço para residir na sua mente.

Mesmo que escute de um *coach* "como é importante ter sonhos e seguir seus sonhos", viver sem sonhos é estar dormindo. Os bem-sucedidos trazem seus sonhos para o mundo real, colocam datas, *dead-line* para executar e criam planos de trabalho.

Quem fica sonhando perde a vida, mas quem cria metas e as realiza nem precisa dormir que já estará vivendo seu sonho.

Pare de querer agradar a todos

Como falei anteriormente, 90% das pessoas não estão interessadas na sua vida ou estão preocupadas com o que você faz ou pensa. Outros 9% só querem criticar e opinar, já que seu sucesso incomoda os fracassados. O que sobra é 1%, que de alguma forma tem interesse no seu bem. Só que desse 1% ninguém, repito NINGUÉM, quer carregar as chagas para você sofrer menos. Ninguém sofrerá por você.

Então, por que espera que alguém seja feliz por você? Não veja isso como crueldade ou amargura; pelo contrário, veja como *libertação, saída da Matrix*. Não faça coisas pensando que isso agradará alguém. 99% não estão nem aí para o que você fará, portanto faça o que tem que ser feito.

Faça o certo por ser certo. A maioria não quer fazer o certo, quer fazer o que é conveniente e ficar criticando quem faz o certo. Seja aquele que faz, aquele que faz o que os outros criticam justamente por ser aquilo que deveria ser feito e não o fazem por acomodação.

Sabemos que ao agradar quem não deveria ser levado em consideração só aumentarão os níveis de estresse, nervoso e raiva contra si mesmo, o que leva à depressão. Acredito que sabemos a verdade, o que devemos fazer, o que é o certo, mas não o fazemos por conta da opinião do outro. Por isso, ligue o botão de DANE-SE e siga adiante, planeje, programe-se e deixe a opinião dos outros de lado, para não acabar com seus sonhos.

Os bem-sucedidos, felizes e alegres são desligados das opiniões daqueles acomodados que ficam na arquibancada torcendo. Escolha de qual lado você quer estar. Se a sua alegria, a sua felicidade e o seu futuro são importantes, você sabe qual é a escolha a ser feita.

Comece a fazer o bem para os outros!

Já ouviu a frase ou falou para si mesmo: *"Eu não aguento mais?"*. O que você não aguenta exatamente: a situação, o tempo, a vida? O que exatamente não dá para mais para aguentar? Você está carregando alguém nas costas pesado demais?

O segredo da mentalidade judaica

Os sábios judaicos ensinam-nos que o ser humano foi criado para ser um canal da divindade para o mundo físico. Só que, quando a pessoa se comporta como utensílio, com o propósito somente de encher os próprios desejos e vontades, sem levar em consideração que é limitada, isso a levará ao estado de depressão ou à morte.

Se entende que tudo que é dado na sua vida é para servir como ferramenta para que consiga beneficiar outras pessoas ao seu redor, vira um canal, um tubo de energia fluindo por meio de você para os outros. Quanto mais faz para os outros, mais será transferido a você. Quando mais faz para o próximo, mais você recebe. É importante que entenda o que escrevi antes, não crie expectativas, nem procure agradar, faça o que tem que ser feito somente porque isso que tem que ser feito.

Fazer o bem para o próximo é usar bem seu canal, é servir da melhor forma possível a quem o criou. Quando sente que não aguenta mais, lembre-se de que algo está travado no tubo. Portanto, solte, faça uma boa ação para alguém, como ligar para sua mãe e falar como você sente saudade, ou até mesmo falar *bom-dia* para uma vizinha. Seja fluxo de luz.

Por termos 72% de água no corpo, somos seres aquáticos. E você sabe: água parada é dengue. Água parada, luz parada, uma ação de bondade que está presa e não sai para beneficiar o próximo. Então, mexa-se! Fazer o bem ao próximo é fazer bem a você mesmo!

Gratidão
Em minhas palestras e quando tenho a chance de falar com pessoas, deixo clara a importância de ser grato.

Se quer ser feliz e alegre, entenda que ninguém deve nada. Absolutamente nada! Se seguir a sua vida com essa mentalidade, tudo que recebe ou tem é extra, ou seja, um presente que nem merecia.

Quando se é criança, nossas primeiras palavras são *papai, mamãe* e *obrigado*. Quando sua mãe falou para você, depois que recebeu alguma coisa, "Filho, agradeça!" ou "Filho, o que fala quando recebe alguma coisa?". E o meu favorito "Filho, se você não vai agradecer, não vai receber mais!".

Acredito que essa é a maior lição que nós aprendemos na infância. Mesmo que a maioria não tenha entendido ou aplicado na vida.

Você não merece nada! Se recebeu, agradeça! Se quer ter mais na vida, mais amor,

O segredo da mentalidade judaica

mais felicidade, mais dinheiro, mais amigos, mais saúde, mais tudo... AGRADEÇA PELO QUE VOCÊ JÁ TEM.

Desejo dias cheios de alegrias; de muita felicidade!